清宮　龍
内外ニュース社長

盛田昭夫・竹下　登・フルシチョフ

—指導者達の素顔—

善本社

川島広守，服部礼次郎，西村進
塚本幸一，能村龍太郎，筆者
山下元利，三鬼彰の各氏

自由社会研究会懇親会（87年8月25日）

（後列左から） 千野宣時，末松謙一，藤田一暁，村松剛，黛敏郎，佐治敬三，

（中列左から） 那須翔，黒川紀章，大沼淳，海部俊樹，三塚博，石原慎太郎，

（前列左から） 渡辺美智雄，竹下登，安倍晋太郎，宮沢喜一，盛田昭夫，

福田赳夫首相(左)と

目次

指導者たちの素顔

政治記者がみた政治と政治家

一ジャーナリストの体験と意見

随感集

指導者たちの素顔

突然消えた権力者——フルシチョフ・ソ連第一書記

自信満々だったフルシチョフ

第二次大戦後、世界が米ソの二大超大国を中心に二極化された時代が長く続いた。そのもっとも象徴的な一時期、自由主義陣営のトップに立っていたのはケネディ大統領、一方、共産陣営を率いたのはソ連のフルシチョフ共産党第一書記であった。

一九六四年、私がモスクワへ赴任したとき、フルシチョフ第一書記はまさに得意の絶頂にあった。外からみる限り、彼は完全に権力を掌握し、党内に揺るぎない地位を築きあげているようにみえた。事実、フルシチョフは自信満々で、国内、国外を精力的に飛び歩いていた。

夏の真っ最中、ソ連国民が一斉に長い休暇をとっているとき、彼は二週間以上も開拓農村地帯の視察旅行を続けていた。その間、連日のように各地で演説をぶちあげ、モスクワへ帰ると早速テレビでその報告演説、そして息つく間もなくチェコへ飛んで行った。

このとき、モスクワのブヌコボ空港で特別機に乗り込むフルシチョフを初めてみた。七十歳を過ぎた老政治家とは思えぬ若々しさだった。〈世界の指導者になるにはこのくらいタフでなければ……〉と当時、同じくらいの年輩だった故大野伴睦氏など、日本の政治家のいささか頼りない姿を思い浮かべながら感心したのを覚えている。

その後、日本の国会議員団が訪ソした際にクレムリン内の彼の執務室で、またインドのプラサド大統領のモスクワ訪問のときクレムリン大宮殿の歓迎レセプションで……と短い期間に相ついでフルシチョフを間近に見ることができた。彼はいつも自信に満ち満ちて健康そうだった。

クレムリンのレセプションに招かれたとき、私は党・政府首脳をずらりと従えて退場するフルシチョフに「さようなら、第一書記」と声をかけてみた。ブドウ酒にほんのり顔を染めた彼は一瞬鋭い目でこちらをみて「うんうん」と上機嫌にうなずきながら去っていった。そのときのフルシチョフは世界の最高指導者にふさわしい威厳に満ちた態度で、しかも颯爽としていた。

それから約半年後、久しぶりに黒海沿岸の別荘で静養していたフルシチョフは、衛星船で地球をまわる宇宙飛行士のコマロフ大佐たちと相変わらず陽気に会話を交わしていた。「ものすごい歓迎会を用意して君たちの帰ってくるのを待っているよ……」、ラジオはナマ放送でフルシチョフとコマロフ大佐の一問一答を流していた。

しかし、たった四日後の十月十六日、フルシチョフは飛行士たちの歓迎会を待たずに突然、国民の前から姿を消してしまった。

フルシチョフがはるか上空を飛ぶ宇宙飛行士たちと元気に語りあったその日、彼は引き続いてフランスの科学相ガストン・パレウスキーと会見した。パレウスキーはフルシチョフと昼食をともにするはずだったが、その前に一人の男が入ってきて、フルシチョフに何やら耳うちをした。フルシチョフはパレウスキーに「宇宙飛行士の歓迎会があるので……」と言い訳をして突然会談を打ち切った。そのまま彼は、姿を消してしまったのである。

その日の午後、モスクワに帰ってきたフルシチョフを待ちうけていたのは、ブレジネフ、コスイギンといった子飼いの連中によって仕組まれた彼の追放劇であった。

十四日にはクレムリン内のスベルドロフ・ホールで中央委総会が開かれた。つい先日までフルシチョフ路線の理論面を担当していたスースロフがフルシチョフの〝縁者びいき〟〝個人崇拝〟など多くの罪状を並べたてて退陣を迫った。百七十名の中央委員はフルシチョフ派、反フルシチョフ派に分かれて息づまる攻防戦をくりかえしたあげく、深夜になって多数決によりフルシチョフの解任を決定した。翌十五日午前、最高会議幹部会がフルシチョフの親友ミコヤンを議長にして開かれ、ここでも満場一致でフルシチョフの解任が決まった。

花道のない引退劇

それまで連日マスコミに登場していたフルシチョフの名が、十四日の新聞から全く消えてしまった。またその日からテレビ、ラジオにも彼の名は登場しなかった。十五日昼、クレムリンでトルチコス・キューバ大統領歓迎レセプションが開かれたが、そこにも彼は姿を現さなかった。フルシチョフはレセプションの始まるその少し前に、黒塗りの乗用車でクレムリンを出て行ったまま再び帰ってくることはなかった。

この日の夕刻、私はたまたま地下鉄のキエフ駅で新聞売り場の前を通った。そこには大急ぎで書いたのだろう、なぐり書きで「イズベスチヤ休刊」の掲示が出ていた。

そのころ、赤の広場では翌十六日に行われることになっていた宇宙飛行士歓迎会の準備が突貫工事で進められていた。この歓迎会にはもちろんフルシチョフが主役を務めるはずであった。会場の近くのモスクワ・ホテルの壁には、午後十時半過ぎまでフルシチョフの大肖像画が掲げられていた。ところが三十分後の午後十一時には、この肖像画はいつの間にかとりはずされていた。フルシチョフの身辺に何事かが起こっていることは確かだった。

十六日午前零時、ソ連政府は突如として、フルシチョフが「高齢と健康」を理由に辞任したと発表した。だが、フルシチョフ本人の、これに関するコメントは何もない。発表はきわめて簡単なもので、その経緯や実情についての説明も全くなかった。フルシチョフが退陣に当たって何を考えていたのか、果たして彼が本当に希望してそうなったのか、あるいは力ずくで解任されたのか、その辺のことはうかがうすべもない発表の仕方だった。

ただはっきりしているのは、昨日までの最高権力者が、何らかの理由で突然クレムリンから去っていった……という事実だけである。

フルシチョフは、そのわずか二週間ばかり前に、ソーチの別荘で藤山愛一郎氏（元外相）と会談した際、「政治家は死んだあとが大切だ。自分は死んでも少しも困らない。だれかがちゃんとやってくれる」と語り、さらに「スターリンはもっと早く死ねばよかった。そうすればロシアは、もっと早くよくなっただろう」と言ったという。〝虫のしらせ〟とでもいうのか、陽気なフルシチョフがそこだけは、しんみりした口調でしゃべったということだった。

フルシチョフとの会談を終えてモスクワに帰ってきた藤山さんが、たまたま車の中で私と二人きりになったとき教えてくれたのだが、いまになって振りかえると意味深長な言葉である。

ソ連では、権力者が舞台を去ろうとするとき、その引き際を飾るための花道はない。

ある日突然、彼を華やかに照らし出していたフットライトがパッと消える。そして彼はその一瞬の暗黒の中に、ひと言のセリフを発することもなく姿を消す。ただそれだけである。その瞬間から彼は、これまでもっていたあらゆる名誉、あらゆる特権を失わなければならない。

ソ連では、名誉も権力も影響力も、すべてはポストに付属したもので、個々の人間についているわけではない。したがって、彼がそのポストを去ると同時に、名誉も権力も影響力も彼の身辺から瞬間に消えてしまう。

自由社会の政治家や経済人のように、ポストは去ってもその世界で陰然たる影響力をもつ……などということはないのだ。

フルシチョフ夫人とブレジネフ夫人

フルシチョフ失脚にからんで思い出すのは、そのわずか十日前に偶然会ったフルシチョフのニーナ夫人のことである。

十月五日の朝、私はたまたまソ連を訪問していた藤山愛一郎氏を見送るため、モスクワ郊外のシェレメチェボ飛行場に行った。そのとき、新装なったばかりのターミナルビルのだだっ広い特別待合室に、三人の婦人がポツンと座っていた。それがフルシチョフのニーナ夫人とブレジネフ夫人、それにブレジネフ令嬢のカリーナであった。ニーナ夫人とブレジネフ夫人は、「これからチェコの温泉に〝ゆっくり〟保養に行く」といって、見送りのブレジネフの娘さんを交え、いかにも親しげに話し合っていた。当時、フルシチョフの後継者はブレジネフだ、と盛んに言われていた。

私はこの光景をみて、〈夫人同士が、こうして連れだって温泉に行くほどだから、フルシチョフの後継者はやっぱりブレジネフに間違いあるまい〉と考えた。あにはからんや、それから十日もたたないうちにフルシチョフはブレジネフたちによって、その地位を追われる羽目になった。

それにしても、ブレジネフはこのとき、すでにフルシチョフ追放を胸中に秘めながら、わざと夫人をニーナ夫人と一緒に旅行へ出したのであろうか。また〝ゆっくり保養〟という以上、二人の夫人は一週間や十日はチェコに滞在のつもりだったに違いない。してみると、この二人は一緒の旅行先でフルシチョフ追放を知ったのであろうか。それとも事情を知ったブレジネフ夫人が、それとなく先に帰ったのだろうか……。事実はいまもなぞに包まれたままだが、考えれば考えるほど複雑な気持ちになってくる。

年金生活者の死

さて、十月十六日、解任が報じられて以来、フルシチョフの消息はばったり途絶えてしまった。昨日まで連日のように新聞紙上へ登場し、テレビ、ラジオをにぎわしていた人物が、突如として姿を消し、一行の消息すらも伝えられないのである。かつてのスターリン時代と違って生命に別条ないことだけは、ほぼ想像がつくのだが、どこで何をしているのか、さっぱり分からず見当もつかない。

政府首脳の公邸があるレーニン丘で家族とともに黒塗りの高級車〝チャイカ〟に乗っているのを見かけたという者、やはり、その付近で黒い帽子に黒いオーバーを着たフルシチョフがひとり、むっつりと散歩をしていたという説……さまざまなうわさが解任直後から流れていた。しかし、いずれも〝うわさ〟の域を出ず、確認されたものはひとつもなかった。またこの国では確認したくてもそのすべがなかった。

フルシチョフが実際に姿を現したのはそれから約四カ月後、年が明けて二月も半ばになってからのことであった。その日フルシチョフはニーナ夫人とともに黒塗りの中型車〝ボルガ〟に乗って、モスクワ市にそそり立つ宇宙船記念碑の前にやってきて、約三十分間その付近を散歩して引き揚げた。

彼はロケットが空に向かって勢いよく進んでいるところを描いた高さ九十メートルの記念碑を仰ぎながら、感慨深げに「ハラショー」を連発していたという。もっともこれとて新聞やテレビが伝えたわけではない。たまたま、それを目撃した市民たちから口づてに人びとへ伝わっていったにすぎない。それでもフルシチョフが、軟禁もされず、不本意ではあろうが、一応〝安全な生活〟を送っていることが分かった。

そのころになると、これも人びとの口づてに、彼がモスクワ郊外約三十キロの地点にあるダーチャ（別荘）にひっそりと暮らしていること、また、クレムリンのすぐ近くのアパートにも四部屋続きの住居をもっていることが明らかになった。そして間もなくそのことが実際に確認された。

一九六五年三月十四日、モスクワ地区で地方選挙が行われた。その朝、フルシチョフが投票のために郊外のダーチャから黒塗りのボルガで、このアパートへやってきたのである。

フルシチョフは入り口に待ちかまえていた数人の西側記者や近所の人たちに「ヤア」と声をかけ、元気よく中へ入っていった。十五分ばかりすると、彼は前日からそこへ泊まっていたニーナ夫人と一緒に再びアパートから出てきた。

すでに「フルシチョフがきた」と伝えきいた人たちが続々とつめかけ、あっという間に数百人の人垣ができていた。

彼は例の人なつっこい笑顔をみせながら車に乗り込もうとした。そのとき群衆のなかから一斉に拍手が起こり、ひとりの婦人が「ニキタ・セルゲービッチ（フルシチョフの名前）ご機嫌よう」と叫んだ。フルシチョフはうれしそうに手を振ってこれにこたえていた。

投票所に着いたフルシチョフは、すっかり往年の陽気なフルシチョフに返ったようだった。受付の娘が黙って投票用紙を渡そうとすると、彼は「私がだれか身分証明書も確認しないで投票用紙を渡しても大丈夫かね……」と笑いながら語りかけ、相変わらずひょうきんなおやじぶりを発揮した。

心もちやせたようにも見えたが、明るく大きなジェスチャーは昔のままだった。西側の新聞は早速〝意外に元気なフルシチョフ〟を写真入りで報じた。

だがソ連のマスコミには、こうしたことも全く報道されず、フルシチョフはついに社会から完全に抹殺されたまま、寂しく世を去った。

六年後の一九七一年、彼が死んだとき、ソ連政府は、追放後初めて彼の名前を挙げて「年金生活者フルシチョフ」が死んだことを発表した。わずか六行の短い記事であった。それも彼が死んでから二日もたち、葬儀が行われる日になってようやく発表されたのである。

かつて十年近い間、この国の最高指導者だったフルシチョフだが、政府は、その死を悼むでもなく、また彼の果たした役割を説くでもなく、ただ通り一遍の小さな死亡記事で、すべてを片付けてしまった。

晩年のモロトフ外相

フルシチョフの例が端的に示しているように、昨日まで権力の絶頂にいて、連日新聞紙面をにぎわしていたものが、ある日忽然と姿を消し、その消息すらもつかめなくなる……これがソ連における政変のもっとも顕著な特徴である。

ただ、スターリン時代ならば、追放された要人は当然血の粛清の対象になるところだが、今日では、たとえ消息は絶っても、それが直接〝死〟につながることだけはまずなくなった。これはフルシチョフの残した大きな功績であり、彼自身もまた、それによって死を免れることができた。

しかし、ポストを追われてからの権力者たちは、生きてはいるものの、新聞、テレビはもちろんのこと、国民の前からも完全に抹殺されてしまう。彼らは一人の年金生活者として、社会の片隅でひっそりと暮らし、やがてその波乱に富んだ生涯を終えることになる。

私はモスクワにいたころ、街の遊歩道で元外相のモロトフをよくみかけた。

かつてはスターリンの片腕として第二次大戦前後の世界の外交舞台に華々しい足跡を残したモロトフだが、当時はすでにフルシチョフから追放され、文字通りの年金生活者になっていた。ただそのころ、すでに七十五歳の老齢だったにもかかわらず意外に元気で、厳寒の雪の日にも欠かさず散歩に出てきていた。

毎日午後三時ごろになると、彼は市の中心部に近いオグレフスキー・ブールバールという遊歩道に姿を現す。ロシア人にいわすと、昔権勢の座についていたころよりもむしろ健康そうだということだった。しかし、彼に話しかける者はだれひとりいない。遠くの方で、ごくまれに軽く頭をさげる者がいる程度だ。そういうとき、モロトフは丁寧に会釈をかえしていたが、あとは彼に気づいているのかいないのか、それも分からぬくらい人びとの反応は乏しかった。うっかり近づいたために後刻災難がふりかかってくるのを懸念しているのであろうか……。かつての権勢をおもえば、寂しい晩年といえよう。

モロトフと一緒に失脚した元首相のマレンコフも、カザフ共和国ウスチ・カノーゴールスクの一発電所長に落とされて以来、ぴたりと消息を絶った。また、一時期、フルシチョフとのコンビで最高権力者の地位にあったブルガーニン元首相、第二次大戦におけるベルリン攻略の輝かしい武勲者ジューコフ元帥、そして最近ではブレジネフ、コスイギンとトロイカ体制を組んだポドゴルヌイ最高会議幹部会議長、三人ともある日突然その地位を追われた。ソ連国民で彼らの退陣の弁を聞いた者はいない。

こうして権力の座を去った者は、そのまま消息が分からなくなり、大抵はいつの間にか故人になってしまうのだ。

（諸君、昭55・5）

盛田昭夫さんとの40年

盛田さんに初めて会ったのは昭和三十五年の秋だった。きっかけは、親しくしていた故江崎真澄さんが池田内閣の防衛庁長官として初入閣した際、「食事の会をつくろう」と私に言った一言だった。

そのとき江崎さんは「選挙区の愛知県出身で優秀な若手経済人がいる。ぜひ仲間に入れたい」と、ソニーの盛田昭夫さん（当時副社長）、トピー工業社長の藤川一秋さんの二人の名を挙げた。それに政界から中曽根康弘さん（のち首相）、当時の文春編集長の田川博一さん、中公編集長の笹原金次郎さんらが加わって「ひぐらし会」が誕生した。

皆よく気が合って月に一度といわず二度、三度と集まり、若かったからよく飲み、よく騒ぎ、よく議論した。毎回欠席者はほとんどなしという不思議な会だった。そのうち一年の最後はこの仲間で会おうと、十二月三十一日午後九時集合で、文字通り一年の納めの会を数年にわたって続けた。

外見には西欧型の合理主義者とみられ、造り酒屋の長男なのに酒はほとんど飲まない盛田さんだったが、この会には毎回出席し皆と一緒になって騒ぎ、時には〝あなたがかんだ小指が痛い……〟などとあまり上手とはいえない流行歌を歌ったりした。

アメリカでツイストが流行しはじめたとき、ニューヨークから帰ってきてお手のもののテープレコーダーを回しながら、「ツイストは簡単、両手で手ぬぐいを持ちおしりを左右にこするようにすればいいんだ」と、いち早く座敷で皆に踊り方を教えてくれたのも盛田さんだった。そのテープで思い出すのは、そのころソニーの主力商品の一つだったのに「テープは後ろ向きのことに時間を使う、人生の無駄だ」と言われたこと。驚く半面、物事を冷静かつ多面的にみることのできる人だなあと感心したものだ。

ゴルフもよくご一緒した。あるとき新兵器だといって自慢げに持ってきたセットがある。「一番打ちやすいのは7番アイアンでしょう。だからドライバーから9番アイアンまで全部7番アイアンの長さに統一したら、同じスイングで楽にタマが打てるはず」と言うのだ。しかし間もなくそのセットは持ってこなくなった。ユニークな発想でヒット商品を次々と出した盛田さんだが、ゴルフも同じというわけにはいかなかったようだ。

そのころから頻繁にアメリカとの間を行き来していた盛田さんは、われわれの目を世界に向かって開いてくれる窓のような存在だった。盛田さんの海外での生々しい実体験を通じてわれわれは世界を知り、アメリカ社会の最新の息吹にふれることができた。それは当時の日本では貴重で新鮮な海外知識であり、情報でもあった。

そのうち盛田さんは「アメリカを知るにはアメリカに住まねばだめだ」と言ってニューヨークに一家で移っていった。

このときのニューヨーク暮らしで、盛田さんはワシントン・ポストの社主キャサリン・グラハムや国務長官キッシンジャーなど、政財界から文化芸能界に至るまでアメリカの一流人とつきあって人脈を築いた。

ソニーを日本離れした近代企業へ

こうして盛田さんはソニーを率い、日本企業としていち早くアメリカに進出、さらに広く海外に事業を展開して大きな成功を収めた。

盛田さんこそ戦後の日本人の悲願〝欧米に追いつき追い越せ〟を実現させた尖兵だったと言ってよいだろう。

この間、ソニーは世界の最先端を行く技術力で新製品を次々と開発する一方、最近になって日本企業がようやく取り入れだした連結決算を三十八年も前に導入するなど、日本離れした近代企業というイメージをつくりあげていった。

いずれも盛田さんの進取の気性、時代の趨勢を見抜く目、たぐいまれな商才があってのことだが、これに関連して盛田さんのさまざまな側面を示す逸話をいくつか紹介したい（なお、ここでとりあげる盛田さんの言葉はすべて私が直接盛田さんから聞いたものである）。

一つは盛田さんとソニーが実行してきた一点集中的戦略についてである。盛田さんは宣伝、広告の面でも卓越した才能を発揮した。そろそろ世界のソニーになりかけていた当時も、限られた宣伝費をいかに有効に使うかを常に考え、決して他人任せにせず、自分の判断で選び実行した。印象に残っているのは香港にＳＯＮＹのネオンを設置するとき、「大衆が自然に目に入る場所と高さが大切だ。それにはビルの二階あたりが適当。高いと顔を上に向けなければならない」と言っていたこと。後日、香港を訪れたら、盛田さんが言っていた通りビルの二階の高さにネオンが輝いていた。

盛田さんは新製品の宣伝に仲間をうまく利用した。小型の携帯テレビを開発したときは早速ひぐらし会に持ってきて、「プロ野球中継がいいところにきていると風呂に入るのがいやでしょう。これなら風呂に入りながらゆっくりみられる」と。

また自動車用の小型テレビを初めてつくったときも、「これからの経営者は情報が大切。自動車の中でもテレビがみられるようにしなければ」と。なにしろ時代の最先端を行く盛田さんが現物を前に言うのだ。われわれはつい、それを受けうりしていろんな人にしゃべって歩いた。その効果かどうかは分からないが、政界有力者や財界人の中にいち早く自動車テレビをとりつける人が出てきた。結果的に盛田さんの宣伝の先棒をかついだようなものだったが、後日そんな話をしたら「それはそうだよ、宣伝というのは、まず味方を洗脳するところからはじまるんだ」と言ってニヤッと笑ったものだ。

これも一点集中につながる話だが、ソニーがもっぱらアメリカ一辺倒で進出していたころ、日本企業の中には将来の市場性を考え、アジアに出ていくところがぽつぽつ出てきた。そこで盛田さんに「ソニーはなぜアジアに出ないのか」と聞いたら即座に、「アジアはだめだよ。金がない。金があるところに出ないと商売にならない。いまはやはりアメリカだ」と答えた。この辺の割り切り方がいかにも盛田さんらしく、事実それがソニーのアメリカでの成功につながったのだが、一方でこうした盛田さんを「商売だけだ」と批判する経済人もいた。

NY五番街にあげた日の丸

しかし盛田さんは当時の日本でよくみかけた軽佻浮薄なアメリカかぶれではなかったし、商売だけの人でもなかった。

そもそも盛田さんは大変な愛国者だった。ソニーは六二年、ニューヨークの五番街にショールームを開設した。そのとき盛田さんはわれわれに何度も何度も「店の外に日の丸を掲げた」と誇らしげに語り、「機会があってニューヨークを訪れることがあったら、ぜひあの日の丸を見てほしい」と言った。ニューヨークに日の丸が翻ったのはこのときが初めてだった。それをみて、感動した日本人は大勢いたはずだ。

盛田さんは、よく言われるように日本の各界を通じ、もっともアメリカ社会と広く深く接触し知米派のトップに立っていた。またビジネスの面でも西欧合理主義をいち早くとりいれて成功した。だが日の丸の例をみても分かるように、一方で国家とか古い伝統といったものを大切にした。義理や人情に弱い浪花節的半面を多分に持っていた。

それは生家が愛知県の「ねのひまつ」という古い造り酒屋で、子供の時からそうした伝統を重んずる環境の中で育ったことと深く関係がありそうだ。盛田さんはしばしば自宅で内外人を招き盛大なパーティーを催したが、そういうときは「ねのひ」のたる酒がふるまわれ、社員たちが法被姿でサービスに当たった。

またある時、内外ニュースの顧問会議で盛田さんが会場のホテルにつくと、前方を同じわが社の顧問故長谷川周重さん（住友化学会長）が歩いていた。すると盛田さんは「あれは長谷川さんだろう」と聞き、「そうです」との答えに、「先輩に遅れては申し訳ない」と言っていきなり走り出し周りの者を驚かせた。

七十歳の世界的経営者がホテルの中を走ったのである。盛田さんのもっとも日本的側面をみせた場面といえよう。

盛田さんはまた「日本人の英知」ということをしばしば強調した。

「明治維新は大変な改革だ。外国だったらあれだけの社会機構が変わるのだから必ず流血の惨事が起こるのだが、日本は無血に近い形で革命を行った。また第二次大戦後もあれだけの混乱が起きたが、ここまで発展した。これは日本人の英知だ」と。ただ「こうして民主主義は地についてきたが、それでは構造改革がうまく行われるようになったかというとそうはいってない」と反省も忘れていない。

ところで盛田さんは先にも述べたようにもっともアメリカを知る人といわれてきたが、そのアメリカに対しズケズケとものを言うことでも有名だった。大勢の各界有力者を前にした内外ニュースの講演でも、クライスラーのアイアコッカ会長を「彼は日本に来て日本の悪口を言い、彼の本には日本の悪口がさんざん書いてある。しかし彼は日本のメーカーから自分のブランドでどんどん自動車を買い、しかも、それをもっと買えるよう通産省に割り当てを増やせと言って頑張っている。あれはアメリカにとって国賊だと思う。私はアメリカでそのことを堂々としゃべるものだから、アイアコッカは私に腹を立てているようだ」と痛烈に批判している。世界のアイアコッカにたじろぐどころか〝国賊〟とこきおろす。これだけのことが言える日本人はいまもいない。盛田さんがアメリカをよく知っていて心を許す友人がたくさんいるという自信がそうさせたのだろう。

また盛田さんの思想の中には日米はあくまで対等だという信念に近いものがあった。

中曽根首相がレーガン大統領と親しいロン、ヤス関係を喧伝していたころ、盛田さんは「総理が〝ロンはピッチャー、私はキャッチャー〟と言われたが、私はちょっとひっかかる。総理はキャッチャーであっては困る。キャッチャーはピッチャーがどんな球を投げても受けねばならぬ。相手が投げる勝手な球を受けるだけではだめ。やはり対等のキャッチボールをしてもらわないと……そしてこっちもたまには思い切った直球を投げ込んでもらいたい。いまの日米対話というものはどうも一方的なように思われる」と言っていた。

中曽根首相とは「ひぐらし会」以来の親しい関係があったから、こうした批判もできたのだろうが、それにしても時の権力者にこれだけズケズケと言えるのは盛田さんぐらいのものだろう。私は盛田さんのこうした一連の発言の背後に強い愛国心があることを指摘しておきたい。

七人の首相を出した自由研

さて、盛田さんがこの日本に残した最大の功績は、現在の日本を担っている人材に早くから目をつけ、そうした人たちと相携えて国家に貢献したことであろう。

昭和五十二年七月、盛田さんは当時の政財界中堅実力者を中心に、官界ＯＢ、文化人等五十余名で「自由社会研究会」を設立した。メンバーは、二十一世紀になっても健康であれば第一線に残っていることが可能ということで、全員六十歳以下に限定された。

当時は直前の参議院選挙で保革逆転がしきりとうわさされ、一部政財界人の間に自由主義体制の行方を懸念する声が出ていた。盛田さんはこういう情勢を受けて自由研の発起人総会を開票日の翌日に設定した。選挙の結果であらゆる事態に対応しようとしたのである。結局、保革逆転はならなかったが、総会は予定通り七月十二日に開催された。

席上、盛田さんは「日本は経営者は企業、政治家は政治とタテ社会の中に浸っている。しかし外国はヨコの連携があるし、学者から政治家、財界から役人といった動きをするのが常識だ。日本はもっとヨコのつながりを深める必要がある」と年来の主張を披歴し、「外国へ出ると日本は一体どうなっているんだと聞かれる。憂慮に堪えない、何かせねばと思うが、日本は大先輩がたくさんいて思うようにならず、われわれの心配する方向に行くように思えてならない。よその国では二十一世紀を見通して考える時代なのに、日本はいま（一九七七年）現在、一九八〇年のことも考えられない。各界第一線の人が中長期をみて勇気ある行動をすべきだ。われわれが若手といわれては情ない。各国ではわれわれ世代がリーダーシップをとっている。われわれは真剣に何をするかを考えて行動すべきであり、実際に何かをやりたい。政治家も派閥などのしがらみを乗り越えて対等自由に討論してほしい」と熱っぽく訴えた。

自由社会研究会で(右から佐治敬三氏、盛田昭夫氏、筆者)

当時の自民党は各派閥が実力者によって分断統治され、横のつながりどころか、互いに反目対立していた。だから自由研に参加した竹下登、安倍晋太郎、宮沢喜一、中川一郎、渡辺美智雄氏らが、朝食会で盛田さんの提唱に従い派閥の垣根をとり払うように隣り合って親しく語り合い、夜の懇親会でもひざを交えて酒を酌み交わすようになったのは、それまでの自民党では考えられない画期的なことであった。またメンバーとなった政治家たちにとって、こうした行動をとるのはかなり勇気のいることでもあった。

自由研メンバーの人選は設立総会の半年ぐらい前から盛田さんを中心に進められ、財界人は盛田さんと故佐治敬三さん(サントリー社長、主として関西財界出身者を選任)が当

安倍晋太郎氏（中央）と筆者（左）

時の財界長老にはかって決定した。政治家は盛田さんのほか、政界側から安倍、竹下、中川の三氏が加わり、何度も話し合って選んだ。当時、時事通信を辞め、評論家になって間もない私も「政界はあなたがよく知っているから手伝ってくれ」と盛田さんに言われ、こうした席で私なりの意見を述べた。その後いよいよ会が発足することになり、再び盛田さんから「ここまでいろいろかかわってきたのだから事務局長をやってほしい」と誘われ、喜んで引き受けた。

さて、自由研は発足以来今日まで二十二年余にわたり、選挙期間中を除き必ず毎月第一月曜日の午前八時から十時まで朝食をとりながら勉強会を開催してきた。そして冒頭述べたように盛田さんの豊富な海外人脈の中から、キッシンジャー米国務長官、サイレス・バンス同国務長官、ブラウン同国防長官、ラムスドルフ西独経済相、ファン・アクト元オランダ首相ら三十名を超える各国要人を招いて話を聞き、ざっくばらんに意見交換をしてきた。

自由研が発足すると、メディアはニューリーダーの会、総理総裁レースの登龍門と書きたてた。盛田さんも機会をみては「近い将来、われわれの仲間の政治家から総理大臣が誕生する。そしてわれわれが次の時代の日本を担うのだ」と語りかけた。

事実、メンバーの中から今日まで竹下登、海部俊樹、宮沢喜一、羽田孜、橋本龍太郎、小渕恵三、森喜朗氏と七人の首相が生まれている。また蔵相、外相、官房長官、幹事長、政調会長など政治の中枢には常に多くの自由研メンバーがいて、現実政治を動かしてきた。

一方、経済界でも豊田章一郎前経団連会長、小林陽太郎現経済同友会代表幹事、佐治敬三元大阪商工会議所会頭はじめ各地の商工会議所会頭など多くの指導者を出している。盛田さんが言ったように実際に日本を動かす集団になっていったのである。

盛田さん自身も九三年十一月三十日突然の病に倒れなかったら、間違いなく経団連会長になっていただろう。その翌日、盛田さんは当時の平岩経団連会長から次期会長就任の正式打診を受ける段取りまでできていたのである。もし盛田さんが健康で経団連会長になっていたら、日米関係はじめ日本の外交、政治、経済、そして社会全般にわたり広い人脈と影響力を駆使して多大の貢献をしたに違いない。

ネアカで大らかだった人柄

盛田さんは文字通り超多忙な身だったが、自由研にはあらゆる日程に優先して時間をとり、出席した。そして私は自由研がスタートした七七年から盛田さんが倒れる九三年まで十六年余の間、毎月の例会でいつも盛田さんの隣に座って会の司会進行役を務めた。議事が始まる前、食事をとりながら政治のこと、経済のこと、さらにそのときどきの社会現象から共通の知人のうわさ話、ゴルフ、スキー、テニス、スキューバダイビング等々、幅広くいろいろなことを話し合った。多年頻繁に海外を行き来していても時差ボケだけはどうにもならない、とこぼされ、意外に思ったこともある。

多分倒れる一年くらい前からだったと思うが、間近に盛田さんをみていて、それまでどちらかというと青白い感じだった顔色がピンクがかってきたことに気付いた。年をとると顔色も変わるのかなと思ったが、あるは病気の前兆だったのかもしれない。

盛田さんはネアカで大らかな人だった。毎月の例会は第一月曜日と決まっていたので、議題や招く講師の選定も含め一切私の一存で進めた。そのための打ち合わせなど一度もしたことがない。ただそんな盛田さんからは想像しにくいおそろしく厳しい一面をみたことがある。

入会して間もない細川護熙氏が盛田さんにも黙って自民党を離れ、勝手な政治行動に走ったことがあった。するとある日曜日の朝、私の自宅に電話がかかってきた。盛田さんはある意味で電話魔的なところがあり、思い立ったらいつどこへでも電話をかけてくる。

そのときは「彼の行動は自由研の理念に反している。除名しようと思うがどうか」と意見をきかれた。同感だったのでそのように答えると、「早速彼に退会届を出させる」という。物事が決まると盛田さんの行動は素早い。翌日電話がかかってきた。「本人に退会するよう言った。あなたのところに退会届が届くはずだ」と。数日後、本人直筆の退会届が送られてきた。

こういうこともあったが、普通の人間関係では実に明るく、寛大で面倒見がよかった。だから世界中の大勢の人たちが盛田さんの周りに集まったのだろう。

盛田さんは生前よく「日本は世界の中で生きるため変革しなければならない」と言っていた。そして日本の現状を憂えつつも「だが、この国の将来は明るい」と語っていた。また私には「節をまげず日本の将来のため正しい言論、行動をとってほしい」としばしば激動してくださった。それでどれほど勇気づけられただろうか。

（じゅん刊世界と日本、平11・11・1）

吉田首相から小泉首相まで

吉田茂

駆け出しの政治記者時代、総理番として最初に接したのは吉田茂首相だった。それから現在の小泉純一郎首相まで、政治ジャーナリストとして歴代首相を身近に見てきた。

といっても吉田時代は、いまの番記者と違って総理大臣に気軽に話しかけたり質問するといった雰囲気ではなかった。吉田さんにはある種の風圧のようなものを感じた。

ごくたまにだが首相の記者会見があった。当時はテレビもなく出席者は大体二十名前後だった。横長のテーブルの中央に座る吉田さんを囲んで質疑応答が行われるのだが、質問はもっぱら各社の官邸キャップがやり、われわれは黙々とメモを取るだけ。それでもワンマン宰相と間近に接する喜びがあった。

吉田さんは週末になると車を飛ばして大磯の私邸に帰る。それを追いかけて吉田さんが邸内に入るのを見届けると、各社が共同で借りていた吉田邸の門の脇にある粉屋の二階に陣取り出入りする人物をチェックする。外に出てきたところをつかまえて「どんな話をされましたか?」などと質問する。

やがて夕方になると坪井さんという護衛の人が出てきて「今日はもう何もありませんよ」というのを聞き、大磯駅前の宿屋に引き揚げる。当時の番記者たちの週末の一日はこんなふうだった。

ところで、吉田さんは夫人を亡くしてから元新橋芸者の小りんさんと一緒に暮らしていた。今だったら写真誌や週刊誌、テレビなどが大騒ぎして取材合戦を展開するところだが、当時は何となくそれが当たり前といった感じで、メディアが彼女のことを取りあげることもまずなかった。ただ、吉田さんは政治家や各界の要人が訪れたときには、絶対に小りんさんを同席させなかったようだ。その辺のけじめはさすがだと思った。

鳩山一郎

吉田さんの後を継いだのは鳩山一郎さんだった。鳩山さんは首相になったとき脳溢血の後遺症で半身不随の身だった。

総理になる前、音羽の鳩山邸によく行ったが、「昨日は庭で何歩歩いた」「今日はもっと多くて何歩だった」と、訪れた政治家や記者たちに意外と明るい表情で話していた。歩行の不自由な痛々しい姿を見ながら、すごい努力だなあと思ったものだ。大変庶民的な人で、国会では控え室で側近の怪物政治家三木武吉氏らとよく冗談を言いながら将棋を指していた。また、埃だらけの部屋で鍋焼きうどんを食べていた姿がいまも浮かんでくる。

岸信介

昭和三十五年、占領下の沖縄特派員を終えて帰ってきて首相官邸キャップになった。首相は岸信介さんで、政界は安保改定をめぐり連日大荒れに荒れていた。

心労が重なったせいだろう、眼の下に黒い隈をつくった岸さんが、それでも「安保反対というが後楽園の野球場は満員だ。私は声なき声を聞いて政治をやる」と、一歩も退かぬ姿勢を見せていた。

カミソリ岸ともいわれていたが、酒席を愛し三味線に合わせて芸者の着物の裾をまくってみせるなど、気さくな一面もあった。

後年、時々ゴルフをご一緒したが「カートに乗ってやるのはゴルフでない。僕は九十歳までは歩いてゴルフをしたい」と言っていた。その九十歳まであと一歩というところで亡くなったのは残念なことだった。

池田勇人

池田勇人首相とは、昭和三十五年総理に就任のときから三十九年夏総裁三選を果たしたときまで官邸キャップ兼自民党キャップとして接した。

首相就任の初記者会見の席で「総裁選で多額の金が飛んだようだが」と意地悪い質問をしたら、表情も変えず即座に「え？　まったく知りません」ととぼけられた。

三十九年、モスクワ特派員として出発する前夜、送別会を催してくれた。総裁三選を果たしたばかりで、側近中の側近、前尾繁三郎（幹事長）、黒金泰美（官房長官）、大平正芳（外相）、宮沢喜一（経企庁長官）の豪華メンバーを従え上機嫌だった。普段から病気がちの前尾さんをつかまえ「この男の頭脳にオレのこの頑丈な体をつけてやれば鬼に金棒なんだが……」と何度も言っていた。

また「選挙の演説でノドを痛めたらしい。酒がしみて痛い」とも言っていた。そのときは言葉通りに受けとり気にもとめなかったが、モスクワに赴任してまもなく本社から極秘の連絡があり「池田首相はガンだ」といってきた。間もなく池田さんは前ガン症状という病名で入院し首相の座を退いた。翌年亡くなったこともモスクワで知った。健康を自慢していた池田さんがあっという間に亡くなり、「頑丈なオレの体をやりたい」と言われていた前尾さんが長生きした。人の運命は分からぬものだ。

佐藤栄作

佐藤栄作さんは「淡島（佐藤さんの私邸のあったところ）に特ダネなし」と言われたほど、夜まわりしても大きな記事になる話がまったく出ないので有名だった。

ただ、吉田内閣時代のある内閣改造で、当時の有力政治家広川弘禅氏が入閣するかどうか注目を集めていたとき、たまたま佐藤邸の廊下にいたら私の前に佐藤さんが現れた。周りにはだれもいない。「広川さんはどうなるんですか」と聞いたら、「彼は党にかえるようだよ」と優しい顔で教えてくれた。若い記者に同情したのだろう。

昭和三十九年、池田さんと総裁の座を争った総裁選の前夜、それまで佐藤さんを囲んでときどき集まっていた雑誌記者や私など七、八名の会に佐藤さんが顔を出した。当時、文春が造船疑獄のときの佐藤疑惑に関する証拠の文書を持っていると噂されていた。佐藤さんは出席していた文春編集長のところへきて低いボソッとした声で「つまらぬものは出すなよ」と二、三度言った。私はたまたま編集長の隣にいたのでこれを聞いたのだが、佐藤さんはこのことを言いたくて総裁選の前夜にもかかわらずわざわざやってきたのかなと思った。佐藤さんはこのときは敗れたが、池田さんの思いがけぬ病気退陣で首相になり、以後七年余の長期間にわたり政権を担当した。

佐藤以後は、田中内閣から今日の小泉内閣まで、約三十年間に十七人もの首相がめまぐるしく替わっている。

竹下登さんとその政治

竹下政治の神髄は〝忍耐〟

竹下登氏の首相在任期間はわずか一年七カ月だった。しかし、竹下氏は首相を退いたのちも、ほぼ十年余にわたって政界に絶大な影響を持ち続けた。

それを可能にしたのは何か。

一言でいうなら同氏がつくりあげた幅広い人脈だったと思う。

竹下氏と総理総裁の座を争ったライバルであり、またその一方でともに協力しながら日本の政治を支えてきた仲でもある宮沢喜一元首相は、竹下氏を「政治力学をこれほど分かった人はいない。私はいい政策なら通ると思っていたがそれは間違い。私が言っても通らなかったことも竹下氏だと不思議に通る」と評したことがある。

問題の落とし所を読みながら忍耐強く事を運んで、最後は目標に到達する竹下政治の神髄を巧みに表現している。

竹下登氏(左)と

竹下氏の政治は、理念や政策よりも利害調整、選挙と国会対策が中心で、それによって自民党を実質的に支配し政治の流れをつくっていった。またその背景には豊富な人脈と数の力があった。

竹下派のルーツをたどれば田中派に行きつくことはよく知られている。田中派の創設者田中角栄元首相は、所属する派閥議員の数を増やすとともに役所に顔が利く族議員を養成し、田中派単独で各省庁と口利きができるシステムをつくりあげて「総合病院」と呼称した。その結果、田中派に陳情や頼み事が増え、引き換えに票と金が集まった。これが田中―竹下と受け継がれ、竹下氏の力の根源となった。そのため竹下政治はよく田中政治と同一視される。

だが竹下政治の実態は、田中政治とはかなり違っていた。

田中氏は〝オレについてこい〟といったタイプの指導者で、数と金を背景に力ずくで政局を引っぱっていった。一般大衆の間にはいまでも〝こういう不況のときに角さんがいたらなぁ〟と力強い指導者だった田中氏を懐かしむ者がかなりいる。しかし田中政治はあまりにも強引に突き進んだため抗争の連続であった。象徴的なのは福田赳夫氏との角福戦争である。その結果、自民党内にいやし難い怨念が残り、いつまでもあとを引いた。

竹下氏はその昔、筆者に「角さんは僕にとって反面教師だ」と語ったことがある。事実、対立抗争を嫌ってあくまで話し合いに徹しようとした。ポスト中曽根でも、ライバル宮沢、安倍晋太郎両氏との全面戦争を避けて話し合いに持ち込んでいる。こうして怨念政治との決別を目指したが、その結果、自民党は総主流体制へと変わっていき、仲良しクラブ的傾向が強まって党内に緊張感がなくなるというマイナス面も出てきた。

時代と環境が違うから一概に比較はできないが、竹下政治が田中政治とは考え方も手法も大きく違っていたことがよく分かる。

最大の功績は消費税の導入

さて、竹下氏が残した最大の政治的功績は消費税の導入であろう。

消費税は故大平正芳首相が財政構造の立て直しを目的として一般消費税、次いで中曽根首相が同趣旨の売上税導入をはかっていずれも失敗した後を受け、竹下首相が自らの内閣の命運と引き換えにやっと成立させた。

長期強力政権とみられていた竹下内閣が予想に反し短命に終わったのは、消費税導入で内閣支持率が大幅に下落したのと、リクルート事件という思わぬスキャンダルで足をすくわれたためだった。

今日、日本の国家財政は多額の赤字を抱えて危機的状況に陥っている。もし消費税が導入されていなかったら、事態はさらに深刻化していたに違いない。

あまり知られていないが、竹下氏はポスト中曽根で自民党総裁選に出馬したときの政権構想で税制改革を公約の一つに挙げている。そして政権をとると身を挺してこれを実現させた。政治家や政党の公約は大半が言いっ放しに終わって実行されないのが当たり前となったいまの風潮の中で、公約をきちんと実行した珍しい政治家といってよい。

竹下氏はよく言語明瞭、意味不明瞭でつかみどころがなく、彼の政治は分かりにくいといわれた。だがこうと決めたらテコでも動かぬ頑固な一面があった。目標が決まると粘り強く我慢を重ねて最後まであきらめなかった。

二十数年前になるが、ソニーの故盛田昭夫社長（当時）が中心になって竹下、安倍、宮沢氏ら政財界の中堅若手が結集、自由社会研究会が設立され、筆者も事務局長として参加した。竹下氏

橋本龍太郎氏(左)と

はこのとき、世代交代につながることを警戒した田中角栄氏から「十年早い、派閥の中で雑巾掛けをしろ」と猛烈に圧力をかけられたが、じっと耐えて自由研の例会には毎月必ず出席した。

竹下氏は消費税を成立させるため、野党はもちろん財界、官界から言論界に至るまで、長年培った幅広い人脈を生かして最後のゴールに到達した。

当時、同氏は消費税問題に限らず、〝政策の実現は司々にまかせてある〟とよく言っていた。

その司々のもっとも身近なところには、竹下派七奉行(橋本龍太郎、梶山静六、小渕恵三、羽田孜、小沢一郎、渡部恒三、奥田敬和)といわれた有力族議員がいた。彼らは竹下内閣の具体的な政策決定に深く関与することを通じ、政治資金と票集めに大きな力を発揮して政界を取

梶山静六氏(右)と

り仕切った。

竹下氏の人脈は、この七奉行を中心に竹下派から自民党各派、さらに野党の社会党、公明党……へと輪を広げ、政界をあまねく網羅していた。

そのためには有名な気配りを欠かさなかった。大分以前先輩政治家に対しては特にそうだった。大分以前になるが、故船田中氏（衆議院議長）が自民党の副総裁になったとき、有望な中堅若手とじっくり話がしたいから何人か推薦してほしいと言われたことがある。そこで中曽根、竹下、安倍、宮沢氏らに声をかけ、船田氏が彼らと一人ずつ食事をした際、同席させてもらった。それぞれ対応に個性があり、興味深かったが、竹下氏の場合、強く印象に残ったのは、船田氏が座敷に入ってくるまで席はおろか座布団さえ使わず畳の上にじっと座っていたことである。「なるほどこれが竹下流だな」と思ったものだが、このように形の上でも先輩にはきちんと礼をつくしていた。

　また、これは有名な話だが、竹下内閣時代に福田赳夫氏が風邪をひいたとき小渕官房長官が見舞いにかけつけたら、すでに竹下首相の見舞いの花が届いていたという。首相になってから気配りで有名になった小渕氏だが、その小渕氏も竹下氏の情報入手の速さと迅速な対応には一歩及ばなかったわけだ。

　こうした気配りと合わせて面倒見のよさが竹下人脈を拡大していった。

　三十年来の畏友川島廣守プロ野球コミッショナーは自由社会研究会のメンバーの一人だが、かつて鉄建公団の総裁をしていたとき、職員のカラ出張事件が明るみに出ると潔く身を退き、暫く浪人生活をしていた。そのころ自由研の新年懇親会で竹下氏が周りにいた数人の会員に向かって「今年の面白い人事を教えようか、川島セントラル・リーグ会長」と言った。正直いってそんな馬鹿なと思った。川島氏は官僚として素晴らしい資質を持った人だが、野球とのかかわりなど聞いたこともない。

　ところがその年の秋、川島セ・リーグ会長が実現していた。竹下氏の各界にわたる影響力と面倒見のよさを改めて強く認識させられた。

多くの人材を育成

消費税と並ぶもう一つの功績は人材を育てたことであろう。宮沢氏は竹下氏が亡くなったとき「これだけ政界に多くの人材を育て将来に財産を残した人はいない」と語っている。政界では前述の七奉行の中から橋本、小渕、それに党派は別れたが羽田と、三人の首相が出ている。また梶山官房長官、渡部衆議院副議長、小沢自由党党首といずれも政界の要所を占め、さらに小渕内閣を支えた青木官房長官、野中幹事長も竹下派出身だ。他派閥でも、森首相はじめ加藤紘一、河野洋平、海部俊樹……といった実力者たちが、何かといえば竹下氏の門をたたき相談にのってもらっていた。

竹下氏は努力の人でもあった。数字に明るいことで有名だったが、そのために資料を作って車の中に持ち込み、繰り返し繰り返し見ながら覚えていた。

また、私生活は福田赳夫、大平正芳氏らと同じく禁欲的で金銭には恬淡としていた。亡くなったあと、井戸塀とまではいかないが私財は意外に少なかった。政治資金はかなり集めたが、それは政治活動のためいただいたもので自分のものではない、だから目の前を通り過ぎていくのが当たり前という感覚だったようだ。実生活も倹約を旨とし〝もったいない〟という言葉をよく聞いた。孫たちをみているとティッシュペーパーを一度に二枚も使っているが一枚で十分などと話していたし、料理屋で食事が余ると折につめてもらって持ち帰っていた。弁当を食べるときは、ま

青木幹雄氏（右）と

ずふたについた米粒から食べはじめた。

要するに、戦前から戦後にかけ、物のない時代を額に汗して働きながら、懸命かつ簡素に生きてきた典型的日本人の一人だったといえる。

晩年の竹下氏は平成の語り部として過ごしたいとよく言っていた。だが一年余の闘病生活の末ついに何も語ることなく生涯を終えた。

十年余の間日本の政治を実質的に動かしてきた竹下氏である。語りたいこと、書き残したいことはたくさんあったはずだ。

それができなかったのが一番残念だったに違いない。

（じゅん刊世界と日本、平12・6・1）

福田赳夫さんの生涯

福田赳夫元首相は、九十年の生涯の半分に当たる後半四十五年間を政界人として過ごした。またその間、昭和五十一年に首相に就任するまで福田さんは、しばしば激しい政治抗争の真っただ中に身を置いた。

反吉田（茂元首相）にはじまり、所得倍増計画に反旗を翻して反池田（勇人元首相）、列島改造論を批判して反田中（角栄元首相）と、時の強力な権力者に楯をつき、徹底的に戦った。

ただ福田さんは単なる政権欲で対立したのではなかった。池田、田中氏らの高度成長政策で日本が「物金万能」の国になり、国民の間に「消費は美徳」という考え方が広まったらどうなるかを心配したのである。〝作りましょう、使いましょう、捨てましょう〟これが当然の世の中になり、経済発展、生活改善とは裏腹に、地球上のあらゆるものを荒らしまわってツケを払わねばならぬ段階がやってくる――福田さんは、こう懸念して安定成長論を唱え池田氏らと対立した。

「列島改造論を実行したら世界の石油需要のほとんどを日本だけで消費する計算になる。そんなことをしたら日本も世界も大混乱だ」とも言っていた。

福田さんの、こうした政策をめぐる闘争の背景には、「総理、総裁（自民党）の座は金でもぎとるものではない、推されてなるべきもの」という信念、そして田中氏に代表される「政治は力、力は数、数は金」という風潮、いわゆる「金権支配」を排除しなければならない、との政治哲学があった。

だから「そんなにこだわり続けたら政権が遠くなる」という周囲の説得にも耳を貸さず突き進んだ。このままでは日本も自民党も沈没するとの思いがあったからだ。

こうして福田さんは戦い続けたが、現実の政界は力即ち数、また、それを生み出す金が物をいう時代だった。そのため福田さんは争うたびに敗れ、敗者の悲哀を何度も味わった。政権をとったのも戦って決着をつけたわけではない。たまたまロッキード事件で逮捕された田中角栄氏が、時の首相三木武夫打倒に執念を燃やし、便法的に昨日のライバル福田さんを推すことになった結果、話し合いで福田政権が誕生したのである。

このように福田さんは政権取りで挫折を繰り返しながらも、自ら信じる政策と理念をふりかざし、劣勢のなかでひるむことなく戦いを挑み続けた。この福田さんの存在、いわゆる田中的勢力の対極に常に福田さんがいたという政界の構図が結果的に日本の政治の救いとなり、同時に政界に活力をもたらしたともいえる。

金で派閥の拡大を競い、数の力で党内の主導権を握るという方向に大きく傾いていた自民党の体質と流れ、またそれにつながる腐敗、堕落に多少なりとも歯止めをかける役割を果たすことになったからである。その後、時代が変わり、竹下、宮沢、故安倍氏らのいわゆるニューリーダー世代になると、角福戦争、大福四十日抗争といった血みどろの抗争は跡を絶ち、自民党は総主流体制へと移行していった。

角福の泥沼的抗争をみてきた竹下氏らには「ああいう争いはしたくない」との思いが強く、意識的に対決を避け、妥協を重ねるようになったためである。その結果、際立った政治論争もなくだれもが権力の周辺に安住する総主流体制が生まれたのだが、それによって政治の活力もまた失われるようになった。皮肉な現象といえる。

福田さんは、また政界切っての経済通として昭和四十年代の不況や第一次石油危機とそれに伴う狂乱物価の深刻な経済危機に際し、臨機応変の政策と強力な指導力で難局を乗り切り、日本経済の安定と発展に寄与した。

こういうときも福田さんは、異論を唱える政治家、官僚に対して安易な妥協はせず、ガンとして持論を貫き通した。いま、こんな政治家は残念ながら見当たらない。

だが福田さんの政治家としての真骨頂は、政権を降りてからの約二十年間にあったと私はみている。

政権の座を去った後の元首相たちは、闇将軍などといわれて己れの影響力を残すことに余念のない者、何をしているのか全く分からなくなってしまう者などさまざまだが、福田さんは政治家としての情熱をもっぱら地球、人類の抱えている問題の解決に注いだ。

昭和五十八年、福田さんはいわゆるOBサミットの結成を呼びかけ、これに西ドイツのシュミット元首相、フランスのジスカールディスタン元首相、韓国の盧泰愚《ノ・テウ》元大統領など二十名を超える世界の元指導者たちが次々と集まった。

この動機について福田さんは「一国家、一民族のこともさることながら、地球人類的観点で物事を考え行動しなければ政治家の道を歩んでいるとはいえないと痛感するようになった。……環境や人口といった地球人類的問題での対処を誤ると人類全体が存亡の危機に直面することは必然だ。総理大臣を辞めたあと世界を回ってみて憂いを同じくする指導者がたくさんいることに驚いた」と述べ、「ただ現役諸公は当面の事務に忙殺されて、こうした大問題を考究し考慮するいとまがないのが実情、そこで既に一国の大統領、首相を経験し、今日ではその地位を去って社会的制約も多少楽になった各位を糾合し、現役諸公の行動を補完する何らかの仕組みをつくろうということになった」と語っている。

こうして発足したOBサミットは、八四年（昭和五十九年）に長らく途絶えていた米ソ首脳会談の開催を強く求め、それがレーガン・ゴルバチョフ会談となって冷戦終結につながるなど、国際政治の面で大きな役割を果たした。その後もOBサミットは毎年開催され活動を続けている。

日本の政治家には国際政治をリードする者がいないとよくいわれる。しかし、福田さんはOBサミットの結成から今日まで終始リード役を務めてきた。そして今年五月、東京で開催されたOBサミットで福田さんは、健康を気遣い代理であいさつをしたらという周囲の声を押し切り、車いすで登壇、二十分余りにわたり「世界と人類の未来」を語り「二十一世紀に向かって人口の爆発や食糧、環境との関係などが心配だ。私はこれで退くがしっかりやってほしい」とあいさつした。これが志をもった一人の政治家が公に残した最後の声となった。

福田さんは今年九十歳の誕生日を迎えた。それを記念し発刊された「回顧九十年」の中で次のように述べている。

「人間がこの世で享けた資質を伸ばし余力を貯えて世のため他人のため社会公共のために奉仕しなければならない。その奉仕の量の多寡がその人の価値を計る基準の大事な一つである。これが私の人生哲学だ。長い人生の中で政治家福田赳夫にとっては、こうした考え方が〝政治は最高の道徳〟となり新党運動や党風刷新運動となった。時には政治の出直し改革の叫びともなり経済運営の面では終始〝安定成長〟を堅持し推進する原動力となった……」

私生活では別荘、ゴルフ会員権は持たぬ主義でこれを押し通すなど、勤倹を信条に総じて禁欲的だった。しかし、それを硬直的に誇示するというのではなく、瓢々として、さり気なく実行した。
政治家はどうあるべきか――、強い使命感と世界的規模の発想で行動した福田さんの生涯は、これに対する回答を示しているように思う。

（じゅん刊世界と日本、平7・9・1）

田中角栄元首相の人生観

政治的カンの鋭さと大衆性、そして抜群の行動力、田中角栄元首相は戦後の政治史に一際光彩を放つ存在だった。しかし半面、政治を腐敗させた張本人という批判も常につきまとった。彼ほど光と影の際立った政治家も珍しい。

発想のユニークさ

田中氏は一種独特の発想と行動様式の持ち主だった。彼は常に目標を定め、それに向かってまっしぐらに突き進んだ。

病に倒れる前年の夏、田中氏は軽井沢でゴルフ、ゴルフの日々を送った。新聞は一日ツーラウンドはおろか、スリーラウンドをした日もあると報じた。いかに軽井沢とはいえ、真夏に六十歳をとうに過ぎた者が、一日にスリーラウンドを回るというのだから異常である。

秋になって田中氏と会ったら、

「よう、ことしの夏はゴルフやったぞ、二十日間で四十ラウンドやった」

と、早速田中氏の方から話が出てきた。

そのときに、夏の暑い盛りに一日スリーラウンドやったという話を聞いていたので、「何かスリーラウンドやったそうじゃないですか」と言ったら、

「スリーラウンドを実は四回やった。ヤボ用で東京へ出るため、ワンラウンドしかできないことが何度かあった。その穴埋めに翌日はスリーラウンド回ったんだ」

彼は当たり前のようにこう語った。筆者は発想のユニークさに驚いたが、また、ここに田中氏の真骨頂があるのだとも思った。

大抵の者は、仮にツーラウンドしようと思っていても、やむを得ない用事などでそれができないときは、〝ワンラウンドまわったのだから……〟とあきらめる。その穴埋めをどこかでしようという発想はまず浮かんでこない。ところが田中氏は違う。

彼はまず、〝この夏は二十日間四十ラウンドをする〟と目標を決めた。そして、この目標に向かい何が何でも到達すべく努力する。彼にとってはスコアよりも、己れが定めた目標のラウンド数を達成することの方がはるかに重要なのである。

この発想と行動様式は彼の政治行動にも結びつく。ゴルフと同じように、自分の政治にも、はっきりした目標を置いて行動するのだ。

がむしゃらに政治目標を達成

彼は二十歳代で衆議院議員に初当選したとき、三十代で閣僚、四十代で幹事長、五十代で総理大臣という目標をひそかに立てた。そしてそれに向かって突進したのである。

目標を達成するためには時として手段を選ばぬこともあった。金を使うのが最も有効と判断したら、ためらうことなく思い切って金を使った。あらゆる手をつくして突き進むのである。こうして最終目標である総理の座にたどりついた。

しかし金権体質が裏目に出て長期政権の夢は破れ、二年余で退陣を余儀なくされる。さらにロッキードで追い打ちがかかる。だが彼は屈せずに強大な派閥をつくりあげ、数の力をバックにキングメーカーとなることで政界への影響力を維持し、巧妙に世代交代を阻みながら、再び政権に返り咲くという第二の目標を立てた。

政治はある時点まで彼の思惑通りに進んでいた。だがロッキード裁判の一審有罪判決と長期化で戦略に齟齬をきたし、最後は脳梗塞で夢を完全に断たれた。

田中氏の時代は、こうして終わった。

ただ、彼の過去の歩みを振り返ると、そこに日本の社会がオーバーラップして浮かんでくる。田中氏が政治的目標に向かってがむしゃらに突き進んだのと同じように、戦後の日本人も〝豊かになろう〟〝アメリカ人のような生活をしたい〟と遮二無二働いてきた。

田中氏に大衆的人気があったのは、彼の持って生まれた庶民性に加え、こうした汗みどろになってひた走りに走る田中氏に多くの人々が己れの姿の投影をみたからでもあろう。

（週刊世界と日本、平元・11・6）

金こそ力なりの人生観

ところで、ロッキード事件に関連して、田中元首相の名が、新聞、雑誌等の紙上をにぎわしたころ、筆者は、その昔、故佐藤栄作元首相の寛子夫人からきいた話をよく思い出した。

それは、まだ田中元首相が政権をとる、かなり前のことであった。

あるとき、寛子夫人を囲んで数人のジャーナリストや政治家が、よもやま話をしているうちに、たまたま話題が当時、有望政治家と言われていた、福田赳夫、大平正芳、中曽根康弘……といった人たちの人物評となり、田中角栄氏もその俎上にのぼった。

すると寛子夫人が、

「角さんとね、いつか、こんなやりとりをしたことがあるのよ……」

と言って、田中氏と交わした興味のある会話の中身を披露してくれた。

正確な表現は忘れたが、ざっと次のような内容であった。

「奥さん、世の中に金で片付かないものはありませんよ、私の経験では、どんな難問題でも、結局は金で解決がつくもんです」

「角さん、そうかしら。私はそうは思いませんけどね……」

「いや、私はそれで、これまでやってきた、世の中のこと、すべて最後は金ですよ」

「私はお金以外にもっと大事なものがあると思いますけどね、でも、まあこれはお互いの人生観みたいなものだから、言い合ってみても始まらないわね……」

このとき寛子夫人は、

「角さんの考え方は、どこか間違っているんじゃないかしら……」

とも言ったそうだが、田中氏は、

「いや、金で解決できないものはない」

と主張して譲らなかったという。

この話をきいていて、その場に居合わせた者は皆、寛子夫人の主張に共感を覚えた。

しかし同時に、学歴も門閥も、バックに頼るべき何ものもない田中氏が、政界で力を伸ばしてゆくためには、金に頼るほかなかっただろう、という点でも意見は、ほぼ一致した。

〝金こそ力なり〟とする田中氏の、これに類した話はほかにもたくさんある。

先日も、毎日新聞がシリーズもの「金権」の中で、田中元首相が政権をとった四十七年七月のある総理就任祝賀会で、小学生の女の子二人が花束を贈呈したら、田中氏は顔を真っ赤にして二人の女の子に、

「ありがとう、ありがとう」

を連発したが、そのうち「オーイ」と秘書官を呼んで財布を持ってこさせると、一万円札を二枚抜き取り、なんと一枚ずつ女の子に渡した。

それを見ていた記者がびっくりして、

「おカネをあげたんですか」

と尋ねると、

「キミらは人生で何が大切と思うか」

「……」

「命だろう。が、命の次に大事なのは金だ。命から二番目に大事なその金を人にやるというのは、僕がよほどうれしいからだ。今日はとてもうれしかった。だからカネをやったんだ」

と答えたと、その場の状況を交えながら伝え（この話は、当時筆者も記者仲間から聞いた覚えがある）、さらに田中派の長老で、自民党の副総裁を務めたこともある西村英一氏の言葉を次のように紹介している。

「田中君には悪いクセがある。札束をポケットに入れて札ビラを切るのも、その一つだ。〃一

国の総理がみっともない〃とボクも何度も注意したんだ。だが田中君は、〃あなたは学歴もあり、高級官僚としての社会的地位もある。しかしオレには何にもない。学歴のない、しがない砕石屋の息子には、カネしかないんだ〃と言っていた」

田中氏は、その人生観通り、金を頼りに遮二無二走り続けた。

そして、福田、三木、大平、中曽根……といったライバルたちを蹴落とし、ポスト佐藤の一番手に躍り出て、念願の政権を手中に収めた。

そうした田中氏に対し、マスコミは「今太閤」と喝采をおくった。

だが田中氏は、「命の次に大事なのはカネ」と信じ込んでいたその金のために、とりかえしのつかない大きな挫折を味わわねばならなかった。

それがロッキード事件である。

〃皮肉な運命〃というほかはない。

（速報税理、昭58・10・21）

三度死を覚悟——岸信介元首相

岸信介元首相が亡くなった。安保改定問題で日本中が騒然としていたとき、岸さんは首相官邸での記者会見で、「こんなことでは将来の民主主義は守れない。いま屈したら日本は非常な危機に陥る。認識の違いかもしれないが、私は〝声なき声〟にも耳を傾けなければならないと思う」と言い放った。そして「安保反対というが後楽園の野球場は満員だ」とも。

筆者はその現場にいた。目の周りに黒い隈ができ、一種のすごみを帯びた表情の中に、岸さんのテコでも動かぬ決意を感じた。以後、あれほど厳しい顔をみせた総理大臣に接したことがない。

後年、その岸さんから「自分は生涯死を覚悟したことが三度ある。一度目は戦時中、東条首相と対決したとき、二度目はA級戦犯として巣鴨刑務所に収監されたとき、三度目は安保国会のときだった」との回想談をきいた。

岸さんは命がけで政治的信念を貫く強靱な精神の持ち主だった。しかし一方で、ひとなつっこい人間味豊かな政治家でもあった。商工省の役人だったころ、考課表に「性遊興を好む」と書か

岸信介氏(左)と

れたことがあるそうだが、確かに天性の遊び好きだった。総理在任中もウイークデーに暇な時間ができると、ゴルフ場にかけつけて楽しそうにクラブを振った。待合にも頻繁に通った。

しかも昨今の政治家と違い、世評を気にしてこそこそしたりせず、実に堂々と遊んだ。ただ、それでいて妙なスキャンダルには絶対に巻き込まれなかった。時代がよかったせいもあるが、やはり人生の達人だったといってよいだろう。

後年、ときどきゴルフをご一緒した。「カートに乗ってやるのはゴルフではない。僕は九十歳まで歩いてゴルフをしたい」と言っていた。その九十歳まであと一歩というところで亡くなったのは残念なことだった。

(週刊世界と日本、昭62・10・5)

中川一郎氏の〝死〟に思う

新年早々ニューリーダーの一人中川一郎氏が突然、自らの命を絶って政界から消えていった。第一報をきいたとき、生前親しかった者たちは、あの頑健で精力的だった人が……、とだれもがわが耳をうたがった。本当に夢想だにしない出来事であった。

故人とは筆者も長いつきあいだった。

昭和二十年代の終わりごろ、彼が北海道開発庁長官に就任した故大野伴睦氏の秘書官、筆者が駆け出しの政治記者の時代からだから、かれこれ三十年になる。

その間、よく飲み、よく議論した。若いころからのつきあいだから、お互い遠慮なく言いたいことを言いあった。

だが、彼はそういうつきあいの中でも、常に細かく神経を使っていた。いかつい彼のイメージからは程遠い、こうした心遣いの細やかさこそ、彼の真骨頂を示すものであり、そこに外見からはうかがえぬ中川一郎の実像があったと思う。

一緒にゴルフをしてみると、その人物の隠れた一面を発見することが多い。

中川氏は、がっちりした体格で、いかにも馬力がありそうだ。そのためドライバーショットなども豪快にぶっ飛ばすかわり、力余ってOBが出ることもしばしばあるのでは……と想像する人が多いはずだ。

だが実際の彼は決して大振りせず、確実に当ててゆくゴルフに徹していた。したがって思ったほど飛距離は出ないが、その代わり打球は正確無比、ドライバーショットはほとんどフェアウエーをはずさなかった。

そして「一番好きなのは」ときくと「アプローチとパット」という。

事実、好調なときの「寄せ」は絶妙だったし、パットもうまかった。

そこで一度本人にきいたことがある。

「中川さん、あなたのゴルフをみていると、みかけと違って非常に慎重で小技がうまい。一見豪放なようでいて、実際は繊細な神経の持ち主のようにもみえるが、どちらが本当の中川一郎なのだろうか……」

するど彼は、

「僕はみかけによらず繊細な男だよ」

と、照れくさそうに笑いながら答えた。

そういえば、浪曲か民謡でも歌えばイメージとして一番ぴったりな彼が好んで歌ったのは「星影のワルツ」だった。

さよならなんて　どうしても
いえないだろうな　泣くだろうな
別れに星影のワルツをうたおう……（三番より）

この歌を愛した中川氏は寂しがり屋で、どちらかといえば気の小さい、やさしい男だった。

いま、彼の死因をめぐっていろいろなうわさが乱れ飛んでいる。

秘書との問題、金銭面での心痛、師弟、兄弟の関係といわれた福田赳夫、安倍晋太郎両氏との軋轢等々、もっともらしい話が内輪の人たちからどんどん流れている。

総裁選で巨額の借財を負い、さらに総選挙を控えて自派から立てる新人候補のテコ入れに多額の政治資金が必要だが、そのメドがたたないため……等々のうわさもある。

だが、中川氏がそんなことで死ぬとはどうしても思えない。真実は必ず別のところにある。この稿が出るころにはそれが解明されているかもしれないし、もしかすると永久に真相は明るみに出ないかもしれない。

ただ、それにしても、故人の顔に泥をぬるようなこんなうわさをまき散らす、彼の身内や周辺の無神経さには驚くほかはない。

中川氏が骨身をけずって集め、育てた国会議員の中にも、なんとつまらぬ人間が多いことか……。

〝真相をぶちまける〟と称して彼らがやっていることをみていると、つくづくそんな思いにかられる。

決断と実行力という点で彼はニューリーダーの中でも傑出した人物だった。彼の死によって政界は活力の大きな源泉を失った。

（速報税理）

英長老議員の意外に簡素な私生活

昨日からロンドンに来ている。

前回英国を訪れたのは三月下旬だった。

それから例のフォークランド紛争が起こり、つい先日、戦いは英国の勝利で幕を閉じた。

この戦争が英国にどのような影響を及ぼしたか、とくに経済面でどうなのか。三百万人といわれる失業者の数も相変わらずで、英国経済は戦勝に酔うどころか、いぜん厳しい状況にさらされているといっていい。

だが、英国の権威と名誉を守り抜いたサッチャー首相に対する国民の人気は、想像していた以上にものすごい。このサッチャー首相を陰で支える人物の一人に英国保守党の長老、リズデール氏がいる。

同氏は元国防相で、英国政界に大きな影響力をもっており、現在は首相のよき相談相手といった立場にある。

私は、ここ数年間、英国に来ると同氏と会い、日英間のさまざまな問題を話し合ってきた。こうした接触を通じ、非常に強く印象づけられたのは、保守党の長老といわれるこの大物政治家の意外に簡素な生活ぶりである。

リズデール氏は、ロンドン市内の一等地に住んでいる。古いがさすがに立派な家で、第二次大戦中ドイツ空軍の爆弾が落ちたという庭は、美しい芝生に覆われていた。

だが、この広い家に現在住んでいるのは、老夫婦二人だけである。

使用人も秘書もいないから、私が呼ばれたときも、リズデール氏が自ら酒を用意し、夫人が簡単なおつまみを作って食前酒のサービスをしてくれた。

こんなとき、日本の政治家はどうするだろう。おそらく何人かの使用人や秘書たちが総出で接待にこれ務めるということになるだろう。まして長老の大物政治家ともなれば、夫婦二人だけで客をもてなすなどということはまずないのではあるまいか。

さて、私は一時間近く、夫妻の心穏まるサービスを受け、食前酒を飲みながら歓談した。するところ合いを見はからったように、リズデール氏が「私はご覧のように妻と二人きりの生活だから、ここでは夕食をさしあげることができない。申し訳ないが、近くのレストランを予約してあるので、そこへ行って食事をさしあげたいと思う……」と切り出した。

もちろん異存などあろうはずもない。ありがたくその申し出を受けると、リズデール氏は「では」と門の脇に止めてあった車のところへ案内してくれた。

驚いたことに、車はかなり古ぼけた超小型のミニクーペだった。自分でそれを運転して連れていってくれるという。

この車は小さいが性能がいいというので日本でも一部の若者たちの間に人気がある。しかし日本人的感覚からすれば、どうみても大物政治家の乗る車ではない。それにイギリス人の中でも大男のリズデール氏にはやはり小さ過ぎて不似合いだ。しかし同氏は「日本の車でなくて申し訳ない……」と言い訳しながら身を丸めるようにして運転席に座り、ハンドルを握った。

案内されたレストランは気取らない、ごく普通のイタリア料理屋で、私は親日家の夫妻と楽しい一夕を過ごすことができた。

夫人は、リズデール氏が〝選挙区へ始終行かねばならず忙しくて大変だ。政治家というのはとても疲れる仕事だ〟と語っていた。どうやら英国の政治家も日本と同じように選挙区向けのサービスに追われているようである。

ただ、彼我の政治家の生活態度には、かなりの差があるような気がする。私はリズデール氏の私生活を直接この目で見て、思いのほか簡素なのに驚いた。英国人はもともと質素な国民だが、すでに功成り名遂げたこの大物政治家の実生活と日本の国会議員の場合を比較して、一層その感を深くした。

日本の政治家は私生活でも一般庶民とは随分懸け離れた生活をしている者が多い。若い代議士でも、ほとんどが運転手つきの大型車を乗り回している。そこにおごりがないだろうか。もっとも、それは最近の日本人全体に言えることで政治家だけを責めることはできないかもしれない。

しかし政治家は常におごりを戒め、自らの生活を正す努力を忘れてはならない。そうでないと、政治はますます国民の信頼を失うことになるだろう。

（速報税理）

中曽根首相が歌った「黄色いシャツ」

「韓国で〝ノーランシャツ〟を歌ったようですね……」

先日、ある会合で中曽根首相に会ったとき、筆者がこう話しかけると、首相は、

「うん、〝オッチョンジー〟をやってきたよ」と言ってニッコリ笑った。

今年の一月十一日、訪米を一週間後に控えた中曽根首相は、突如ソウルに飛んで全斗煥大統領と会談した。

ここ二年ほど、経済協力や教科書問題等のもつれから、ぎくしゃくしていた日韓両国の関係は、この首脳会談で一気に改善された。

このとき、両国首脳が胸襟を開いて語り合うきっかけになったのは、深夜のカラオケパーティーである。

第一回会談後、全大統領主催の晩さん会が開かれた。

その終了間際に、大統領は、

「ネクタイをはずして、一杯やりましょう」と首相を誘った。

中曽根首相もこれを快諾し、二人は夜の十時過ぎから、大統領官邸近くの貴賓迎接館で二時間近く懇談した。

この席には韓国の女性テレビタレントや人気歌手が呼ばれ、政治の話は一切抜きで、にぎやかな酒宴となった。

両首脳は上着を脱いで酒を酌み交わし、それぞれ三曲ばかり歌ったが、首相は、そのうちの一曲「ノーランシャツ」(黄色いシャツ)を韓国語で歌ってやんやの喝采を受けた。

すっかりリラックスした両首脳は、別れ際互いに抱擁して親近感を示しあったという。

筆者は、この酒宴の模様を伝える新聞記事を読んで「あの歌がいいところで役に立ったなあ」と思った。

この「黄色いシャツ」、首相も、これまで何度も歌っている非常に馴染みの深い曲だったからである。

というのは――

昭和三十七年、筆者はオペラ歌手の藤原義江さん、文藝春秋編集長(当時)の安藤直正さんたちと韓国を訪問した。

まだ日韓国交正常化の前で、交流もきわめて不自由な時代だったが、当時、韓国で大ヒットし

中曽根康弘氏（左）と

ていたのが「ノーランシャツ」である。

私は早速、韓国の友人にカタカナで歌詞を書いてもらい、滞在中の特訓で、どうにかメロディーも覚えて帰国した。

ノーラン　シャツ　イブン

マロヌー　クサラミー……

〝黄色いシャツを着た男、無口で色男でもないのに、なんで私の胸がいたむのだろうか……〟といったごく平凡な歌詞だが、曲がなかなかよく、途中〝オッチョンジー〟（なんとなく）という言葉がときどき出てきて、語呂がいいせいか、そこが一番覚えやすかった。

翌年、当時の中央公論編集長笹原金次郎さんと週刊文春編集長田川博一さんが、私たちの第二陣のような形でソウルを訪れた。

無類に歌の好きな笹原さんは「ノーランシャ

ツ」をきちんと覚えて帰ってきた。

相前後して中曽根首相も韓国へ行き、この歌を聞いてきた。

実は、この笹原、田川、中曽根の三氏に私、ほかに江崎真澄代議士、盛田ソニー会長、藤川トピー工業会長（当時）……といったメンバーで「ひぐらし会」という会をつくり、月に何回となく集まっては飲んだりだべったりしていた。

そんなとき、よく歌ったのが「ノーランシャツ」である。メンバーの半数近くが、韓国で実際に聞いてきた、というせいもあって、宴たけなわになるとだれからともなく「〝ノーランシャツ〟やろーや」と言い出し、笹原氏のリードで合唱した。

また「オッチョンジー（なんとなく）飲みますか……」などと互いに〝オッチョンジー〟を乱発し、この会を別名「オッチョンジー会」などとも称していた。

こんなわけだから、首相も「黄色いシャツ」はかなりの自信を持って歌ったのではないだろうか。

「韓国へ行く飛行機の中で昔を思い出しながら練習していったんだ。〝オッチョンジー〟が思わぬところで役に立ったよ……」

冒頭のやりとりのあと、首相はこう言って再び楽しそうに笑った。

ソウルを訪問した首相は、このカラオケパーティーだけでなく、公式の晩さん会でも韓国語を交えてあいさつし、先方を喜ばせた。

それにしても多忙な首相が、いつ、どのようにして韓国語を覚えたのだろうか。

「向こうの総理など要人が日本に来て立派な日本語で話すのに、日本の政治家がだれも韓国語を話さないのは申し訳ないと思って、行管長官のときテープで習ったんだ。時間がなくてあまりできなかったけどね……」

筆者の質問に首相はこう答えた。

日韓交流の歴史で日本の首相が韓国語であいさつしたり歌を歌った例は、これまでに一度もない。それだけに、今回の訪韓で首相が使った韓国語は、日韓両国の距離を大きく縮める歴史的役割を果たしたといってよいだろう。

（速報税理、昭58・4）

ひとつひねった面白さ！　宮沢元首相の発想法

その昔、宮沢喜一元首相（本稿執筆時は官房長官）と一杯飲んでいたら、たまたま話題がバーの勘定のことになった。

〝銀座のバーも高くなった……〟

と互いに慨嘆しあったのはいうまでもないが、そのとき宮沢氏は一瞬真顔になって、こう言った。

「僕は、バーの支払いは必ず現金払いにしているんですよ」

「珍しいですねえ。銀座のバーで毎回現金払いをしている人は、あまりいないでしょう。僕らでも大体はツケですよ。政治家や経済人はとくにそうでしょう。現金払いにしているのは、何かわけがあるんですか」

私の質問に、宮沢氏は笑いながら答えた。

「いやあ、人間、いつ、どこで、どんなことが起こるか分からない。ぽっくり死んじゃって勘

宮沢喜一氏（右）と

定が宙に浮いちゃったりしたら店に気の毒だし、後始末をする人も大変ですからねえ……」

なるほど、言われてみれば、その通りだ。だが、金額によっては持ち合わせのないときだってあるし、友人と一緒に急いでその店を出るようなこともあるだろう。

毎回きちんと支払いをするのは、簡単なようで、なかなかできることではない。

律儀といおうか、几帳面といおうか、宮沢氏の人柄の一面を垣間見たような気がした。

そういえば、かつて同氏から、こんな話を聞いたこともある。

「大石内蔵助《くらのすけ》が仇討ちの前、山科の祇園で毎日遊びほうけていましたねえ。あのとき、仮に脳溢血かなにかで突然死んだら、歴史上、内蔵助はどういう評価の人物になっていたんだろうかと、しょっちゅう思うんですよ……。だが、そう扱われる人間は、結構いるんでしょうね。そんなことを考えると、人間の評価というのは、ますます難しくなってくると思うんですよ……」

随分ユニークな発想をする人だなあ、と思った。

たしかに大石内蔵助は、最後に主君の仇を見事に討ったから、「武士の鑑」として後世に名を残すことができた。

祇園で毎日のように遊びほうけていたのも、仇をあざむくための高等戦術、というわけで、むしろそのことにより内蔵助の知略と人間の大きさが、高く評価されることにもなった。

だが、内蔵助が、仮に宮沢氏の言うように途中でぽっくり死んでいたら、どんな評価を受けていただろうか。

世間一般の人たちは、内蔵助の胸中に深く秘めた志など知る由もないから、おそらく、大恩ある主君の仇討ちもできず、遊興におぼれていた〝不忠の臣〟ということで、「腰抜け侍」「ぐうたらのろくでなし」等々、あらゆる罵詈ざん謗を浴びせかけていたに違いない。

「武士の鑑」も、逆に、武士の風上におけぬ「不忠の臣」になっていたわけである。

考えてみれば、別に内蔵助のような大物ではなくても、こうした運命の行き違いで、死後正当な評価を受けられなかった人は、随分多いはずである。

また反対に、それほどの人物でもないのに運命の気まぐれで、結構世の中から買いかぶられている者もいるだろう。

よく「人事は棺を蓋うて定まる」という。

しかし、こうしてみると、棺を蓋って後も果たして正しい人の評価ができるものかどうか。

「人間の評価はますます難しくなってくる……」

という宮沢氏の言葉は、そういう意味でなかなか味がある。

（速報税理、昭57・11）

時代を映す小泉家三代

小泉純一郎首相は祖父、父に続く三世政治家である。政治家の世襲には多くの問題があるが、この三人を比較するとその時代時代の日本人像を見るようで興味深い。

祖父又次郎は昭和の初期、浜口、若槻両内閣で逓信相をつとめた。請負業者の家に生まれ刻苦勉励、小学校助教から政界入りし「又さん」の愛称で親しまれた大衆政治家で、四十円の家賃を滞納し借家から追い出されたこともあったという。背中いっぱいに刺青をしていたので有名だ。

浜口から入閣を要請されたとき、「名誉はいらん」と断ったが延々一時間にわたって口説かれ、ついに折れた。その直後記者たちに「野人の歴史をけがした」と言って残念がったそうだ。参内するとき、御車寄せが分からぬからと同僚の車に便乗して宮中に入ったが、だれも大臣と分からず従者として扱われたとの逸話もある。当時の日本人の気質、生きざまと二重写しになる人物だったようだ。

父、純也防衛庁長官には記者としてよく接した。薩摩っぽらしく純朴で、戦中戦後を生き抜いてきた同世代と共通した雰囲気を持っていた。

さて、三代目の純一郎首相、髪にパーマをかけクラシック音楽、特にオペラ愛好家として知られる。三代を経て日本人も政治家も大きく変わったことがよく分かる。

（週刊世界と日本、平13・5・28）

総理大臣たちのゴルフ

駆け出しの記者時代にワンマン総理吉田さんの張り番をしたころから現在まで、大半を政治関係のジャーナリストとして過ごしてきたせいもあって、これまでに随分いろいろな政治家とゴルフをした。歴代総理とも、大抵一度や二度は一緒にプレーしている。

もっとも昭和二十年代は戦後の混乱期で国民生活も苦しく、総理大臣がゴルフをするような時代ではなかった。吉田さんもゴルフはせず、健康法は、もっぱら大磯の自宅前の海岸を散歩することだった。

次の鳩山さんは戦前のシングルプレーヤーだが、総理になったときは手足が不自由で車いす姿が痛々しかった。総理官邸の中庭の芝生を眺めながら「昔、内閣書記官長（いまの官房長官）をしていたころによくここでアプローチの練習をしたもんだよ……」と懐かしそうに語っていた。書記官長室でもボールの代わりにあめ玉を使って盛んにショットの練習をしていたようだ。部屋の壁が飛び散ったあめでベトベトになり、後任者が入るとき壁紙を全部張り替えねばならなかったという。

総理大臣が堂々とゴルフ場に行くようになったのは、日本の経済復興がようやく軌道にのりはじめた三十年代に入ってからで、そのころ官邸の主におさまった岸さんは、ちょっと暇ができると東雲のゴルフ場にすっとんでいってハーフラウンドを楽しんでいた。岸さんは本当にゴルフが好きで八十四歳のいまもなおかくしゃくとしてプレーしている。今年の春一緒にまわったときも四九、五〇と一〇〇を切る立派なスコアだった。途中で雨が降ってきたので〝風邪でもひいたら〟と心配し「やめて帰りましょう」と言うと、「いや、このぐらいなら大丈夫」と慣れた手つきでバッグからカッパを取り出し、一人でさっさと着てプレーを続けたのには、こちらの方が驚いた。

岸さんが安保で退陣し、あとを池田さんが継いだ。池田さんは就任のとき大平さんから「これからはゴルフと待合通いはやめてください」と言われたのを生真面目に守り通した。

ちょうど一〇〇を切るかどうかというゴルフの一番面白いときだったが、未練を断ちきるために残っていたボールを全部箱根の別荘に持ってゆき、一つ残らず裏山にドライバーでたたき込んでしまった。それでもたまに会ったとき「この間ゴルフをした夢をみた。ドライバーを打ったらプロみたいに先へ行ってぐーんとのびるすごいショットが出たよ……」と同じことを二、三度きかされたことがある。よほどやりたかったのだろうが在任中病に倒れ、そのまま二度とクラブをもつことはなかった。

四十年代に入ると、マスコミの監視が次第に厳しくなり、総理の日常生活もだんだん窮屈そうになっていった。たまの休日、佐藤さんは子息や秘書官たちと身内だけでひっそりゴルフを楽しむことが多かった。佐藤さんは口数の少ないプレーヤーだった。

刻苦勉励型の田中角栄さんは、ゴルフも「今年の夏は何十ラウンド」などと目標を決め、それに向かって連日早朝から、遮二無二コースをまわる。プレーぶりも汗をふきふき、せかせかと夕マのそばに来たと思ったらクラブを構える間も惜しそうにさっと一振り、打ちおわると同時にもう歩き出すというせっかちさで、「今日は二ラウンド回った」などと喜んでいる。あれではあまり楽しくもないだろうと思うのだが、これも性格だろう。

福田さんも性格そのままの、ひょうひょうとしたゴルフをする。よく夫人とおしどりでコースに現れるが、ロンドン仕込みと自慢する割に腕の方は大したことなく、ドライバーなど夫人の方がはるかによく飛ぶ。「奥さんの方がうまいのでは……」と言うと、「いや、アプローチ、パターで、しめるところはちゃんとしめてるんだ……」と負け惜しみがかえってくるが、スコアも概ね夫人の方がいいようだ。総理を辞めてから「飛距離アップに練習場でフォームを改造中だ」と明治三十八歳が絆創膏だらけの手をみせてくれた。しかし成果があがったという話はまだきいていない。

外見からも想像できたように大平さんのゴルフはどうひいき目にみてもスマートとはいえなかった。それでも体格がいいから当たるとよく飛んだ。調子がいいときは四五以内であるが、そうかと思うとガタガタにくずれて大たたきする。そんなとき「君らと違って育ちがいいから暑い日はダメなんだ」などと悔しがっていたのが昨日のような気がする。

さて最後は鈴木さん、尺取り虫でフェアウエーをこつこつと前進し、うまくいけば寄せワンでパーも取る。決して冒険はしない。政治家としての過去の善幸さんの歩みとそっくりの堅実ゴルフだ。

ゴルフをするとその人の人柄やかくれた一面がよく分かる。歴代総理のゴルフにも、それぞれ個性が表れていて面白い。

（中央公論、昭56・1）

鈴木善幸氏（左）と

政治記者がみた政治と政治家

選挙区は私有財産ではない

五人に一人が二世議員

自殺した故中川一郎代議士の政治的跡目相続をめぐって、息子と秘書の間に内輪の醜い抗争が繰りひろげられている。

両者の泥仕合は、目下のところエスカレートするばかりで、双方が自分こそ中川一郎の正当な後継者であると主張し、次元の低い非難中傷をぶつけ合っていることは周知の通りだ。

天下に醜態をさらす。この状況を見て、地下の中川氏は、さぞがっくりと肩を落としていることであろう。

もっとも、これが内輪の単なるいがみ合いなら、よくあるお家騒動の類として片づければよい。だが政治家中川一郎の相続問題が絡んでいるとなると話は別である。現に息子と秘書が共に〝中川一郎の後継者〟を呼称して譲らないのは、それによって故人の選挙地盤を独り占めにしようという下心があるからであろう。

これは許し難いことである。

そもそも選挙地盤は世襲の財産や特定の利権などと違って個人に所属したものではない。中川家とか福田家といった一族や一門のものでもない。

それはあくまで公的性格を持ち、万人に開かれたものである。広くいえば国民全体のものであり、狭義にとらえても、その地域に住んでいるすべての住民のものである。

それを個人の財産でもあるかのごとく、世襲により一種の私物化しようというのは、時代錯誤もいいところだ。

個人経営の会社や病院、私有の田畑ならば世襲もいいだろう。苦労してつくりあげた財産、権利を、なんとかして血縁の子孫に伝え、後世に残したいと思うのは人情である。

その結果、能力のない息子や孫が経営者となって、その企業や病院をつぶすこともある。

しかし、それは自業自得、それまでの話である。企業の場合、社会的影響が全くないとはいえないが、最終的には自由競争の敗北者ということで片づけることができる。

だが選挙地盤は、こうした会社や病院などとは本質的に違う。選挙という国民の平等な権利と結びついた公的なものであり、そのためにいろいろな形で国費も投入されている。

しかも、選挙地盤は、そこから妙な議員がでると国や民族の将来を危うくすることになりかねない。極端にいえば一人の政治家のおかげで国が亡びることだってあるわけだ。

国民生活にこれほど重大な影響を持つものが、半ば世襲のような形で特定の係累、門閥に独占されていいものだろうか。

もっとも政治家の場合は会社や病院と違って、二代目、三代目といえども選挙という関門を通らねばならぬ。

したがって「国民の審判を仰ぐのだから決して世襲ということにはならないし、地盤を私することにはならない」との反論も当然出てくるだろう。

だが、衆議院議員の定数五百十一名中、実父または義父から地盤を受け継いだ形の二世議員は、現在すでに百二名に達している。

衆議院議員の五人に一人が二世議員なのである。

これを政党別に見ると自民党が八十七名で圧倒的に多い。しかし革新を標榜する社会党にさえ七名の二世議員（北海道知事に転出した横路孝弘氏を含む）がいることを見逃すわけにはいかない。

故山本周五郎氏の、舞台を江戸時代においた小説『山彦乙女』の中に次のようなくだりがある。

「政治というものには権力がつきものだし権力という奴は必ず不義と圧政をともなう。それはその席につく人物の如何にかかわらないし、決して例外はない。……政治を執る者は変る。それが公家の出身であろうと、武家の出身であろうと、また庶民から出た者であろうと、彼らがいちど政治の権力をにぎれば、彼は、もはや彼自身ではなくなる。いかに高潔な、無私公平な、新しい政治理想をもっていても、現実には必ず強者であり支配者であることから、ぬけ出ることはできない」

現代においても政治にこうした一面があることは否定できない。その政治的権力が発生する基盤ともいうべき各選挙区が、いま世襲の家系によって次々と侵食されつつあることは明らかだ。

兄弟、祖父と孫、伯（叔）父と甥、等々による地盤の授受を加えると、権力の特定家族による支配は、さらに広範囲に及ぶはずである。かつての大名のように、彼らは巨大な権力機構を半永久的に己れの支配下へ収めようとしているのだ。

この異常な現実を直視すれば、もはや「選挙の洗礼を受ければよい」などとのん気なことを言ってるときではないことが分かるはずである。

中川一郎氏の関係者たちが、互いに後継者としての正当性を主張しているのも、こうした現実の姿、正当な後継者と認められた者が、いかに選挙で有利な立場を確保できるかという、数々の実例を見ているからである。

政治家は俺一人でたくさんだ

ところで、中川一郎氏の地盤を、なんとかして、そっくりいただこうと狙っている息子と秘書は、異口同音に、〝故人の遺志を受け継ぐ〟と言っている。

だが、当の中川氏は生前、自分の政治的後継者についてどのように考えていたのだろうか。

私はいま、二年ほど前に彼と次のような会話を交わしたのを思い出している。

それは、あるこぢんまりした会合で中川氏が息子正一君の勤めていた銀行の某幹部を見かけたときのことであった。

彼は私の耳もとに口を近づけ小声で「あの人は興銀の役員だったなあ」と言った。

「そうですよ」と答えると、彼は照れくさそうにニヤッと笑いながら「息子が世話になっているからあいさつに行ってくるよ」と言い残して、早速、あいさつをしに行った。

戻ってきた彼に私はこう聞いた。

「息子さんは、どうせそのうちに銀行を辞めて、あなたの跡を継ぐことになるんでしょう……」

すると彼はじっと私の目を見ながら、

「とんでもない。政治家は俺一人でたくさんだ。世襲はいかんよ……」

と真顔で答えたのである。

中川一郎氏は周知のごとく、庶民的政治家として人気があった。人を差別せず、古い閉鎖社会を打破するために勇気を持って立ち向かうのが彼の真骨頂であった。そういう体質が多くの人たちから愛された。彼はまた大衆の心を体して行動した。だから人々は自分たちの気持ちを代弁してくれる政治家として彼に期待した。

中川氏の愛した北海道五区はだれのものでもない。地域住民のものであり、中川氏はその人たちに育てられて、あれまでになったのである。

だから死んだら当然、すべてを地域の人たちに返上すべきであろう。

そして、彼が抜けた穴は、だれでも立ちたい者が立って埋めたらいい。正々堂々と政策を訴えて選挙民の批判を仰ぐのだ。

それが民主主義というものである。

中川氏は昨年秋に行われた自民党総裁予備選に立候補するときなんと言ったか。

「自民党には総裁選で予備選を行うというルールがある。ルールがあるのだから立ちたい者は皆立って正々堂々と戦ったらいい。その結果選ばれた者を快く皆が支持するのだ。ボスたちで勝手に決めたり、裏で話し合って決めるのは密室政治になり、政治を不明朗なものにする」

これが彼の政治信条であった。

もし中川氏に遺志があったとすれば、これこそ、その遺志といってよいだろう。

世襲の政治家が、かつての領主のごとく一般民衆に君臨し、地盤をほしいままにするようになったらどうなるか。民主主義は崩壊する。そして、いつか大衆の不満が爆発するだろう。

明治維新は世襲で沈滞しきった空気を打ち破った下級武士たちを中心に達成された。封建社会からの脱皮が明治以後の発展の基礎になった。戦後の日本も同じで、今日の繁栄の担い手となったのは世襲の権力者たちではない。庶民の代表者たちであった。

氏、素性を問わず、どこの馬の骨とも分からぬ者でも、政治に志を抱いて立候補し選挙の洗礼を受けて当選した者に政治がゆだねられる——戦後の日本の活力は、こうした民主的制度が十分に機能したところから生まれた。

中川一郎も福田赳夫も、中曽根康弘も、田中角栄も、みなこうして政界に進出し政治に活気をもたらしたのだ。彼らのうち一人でも世襲の政治家がいただろうか。

だが今日、政界の様相は著しく変化しようとしている。前にも述べたように世襲の権力者たちが親子の関係だけでも五人に一人の割合で輩出しており、このため定員四名の選挙区で二世議員が三名を占めるところが岩手二区、広島二区、山口一区と三選挙区もある。また神奈川五区、埼玉三区は定員三名中二名、三重一区でも五名中三名と、二世議員が過半数を上回っている。このうち三重一区の木村俊夫、川崎二郎の両氏（自民）は祖父、父に続く三世議員だし、民社の中井洽《ひろし》氏も父親が社会党選出の議員であった。

しかも、こうした世襲による選挙区の一族支配的傾向は、今後さらに猛烈な勢いで進みそうである。というのは、いま多数の現職議員の息子たちが、父親の議員秘書として出番にそなえているからである。

その中には福田元首相や中曽根首相の子息たちも含まれている。仮にこの二人が父親の跡を継ぐことになれば群馬三区でもまた定員四名中三名が二世議員（現在すでに二世の小渕恵三氏がいる）ということになる。

議員たちはなぜこうして自分の息子たちを後継者にしようとするのか。

ある大物政治家の秘書が「現在の議員たちは選挙区に大変な資本と労力をつぎ込んで今日までにした。それは彼らの大事な財産なのだ。だから、その財産を子供から孫へと伝えたい気持ちも分かるような気がする。福田さんだって中曽根さんだって皆そうなんだよ」と述懐していた。

北朝鮮を笑えない

ふりかえってみると、戦後の首相で息子もしくは女婿が議員になっているのは岸首相以後が圧倒的に多い。岸、池田、佐藤、大平四氏が現職、田中氏もすでに女婿を次の総選挙に出馬させる予定だ。福田、中曽根、鈴木の子息もやがては出馬確実といわれている。

一方、岸氏以前は幣原、吉田、片山、芦田、鳩山、石橋といるが二世議員は鳩山家だけ、その辺に時代による政治家の気質と見識の違いを見る思いがする。そういえば戦前の国会では二世議員は鳩山一郎、犬養健氏などごくわずかしかいなかった。

権威が重んぜられた当時だったら、歴代首相や大物政治家の息子なら、簡単に跡を継げたはずだが、そういう例はほとんどない。それが政治家の一つのけじめだったのだ。

いま多くの保守政治家が「北朝鮮の金日成主席は息子を後継者にしようとしている。共産国家で世襲とは……」とあざ笑っている。

だが彼らは、その小型版を自分の選挙区でやろうとしているのである。

世襲議員が、このまま増え続け、政治権力が一握りの門閥によって握られるようなことになれば、今日の活力の源となった民主主義は必ず行きづまる。そして、そのような社会に反発して大衆の巨大なエネルギーが動き出すだろう。われわれは再び混乱と危機の時代を迎えねばならない。

政治家たちは、いま、このことを真剣に考えるべきである。

もちろん、政治家を選ぶ選挙民の方にも重大な責任があることは言うまでもない。

（文藝春秋、昭58・7）

テロとサッチャー首相

さる十月十二日、英国南部の有名な保養地ブライトンで、サッチャー首相ら英政府要人たちを直撃する爆弾テロがあった。

事件が起こったのは海岸通りに面した八階建ての高級リゾートホテル、グランドホテルである。このホテルには筆者も、ある国際会議に出席した際、十日間ほど二回にわたって滞在したことがある。

ビクトリア風の白い瀟洒な建物で、古いが落ち着いたいいホテルだった。一階のロビーとそれに続くバーは、よき時代の英国をしのばせる面影を残し、老バーテンダーがつくるジントニックなどカクテル類もさすがと思わせるものがあった。

だが、アイルランド共和軍（ＩＲＡ）の過激派が仕掛けた高性能爆弾で、このホテルは五階から上の中央部分が最上階の八階までスッポリと吹き飛ばされた。一方、爆風は階下にも突き抜け、優雅な一階ロビーも上から落ちてきた瓦礫と壁の一部などが天井まで三メートルの高さにうずたかく積もったという。

折からブライトンでは英国の保守党定期大会が開催中で、サッチャー首相ら政府要人が多数このホテルに滞在していた。

サッチャー首相は側近たちと午前二時過ぎまで翌日の演説原稿の打ち合わせをしていたが、そのあとフロをつかって居間に戻り、もう一度一人で原稿のチェックをはじめた。その二分後に大爆発が起こり、バスルームは滅茶苦茶に破壊され、居間も部屋中に窓ガラスの破片が飛び散ったという。こうして首相はわずか二分の差で奇跡的に難を免れた。しかし、次期党首の有力候補デビッド貿易産業相が重症を負ったほか、議員一名を含む四人が死んだ。

この事件は、英国首相の座が生命の危険を伴うものであることをはっきりと教えてくれた。しかもIRAは事件後、声明を出し「今回はついていなかったが、われわれのチャンスは一度あれば十分だ」と爆弾闘争の継続を宣言している。

開かれた民主主義社会ではテロを完全に防ぐことはできない。サッチャー首相は今後も生命の危険を覚悟の上で政治を行っていかねばならないわけだ。

もっとも、テロの恐怖にさらされているのは英国の政治家だけではない。ヨーロッパではフランスやスペインなど各地で民族や宗教問題に端を発したテロが横行している。

アメリカでも歴代大統領のうちリンカーン（16代）、ガーフィールド（20代）、マッキンレー

（25代）、ケネディ（35代）の四人が暗殺されている。レーガン大統領も就任早々狙撃され、危うく命を失うところだった。

アメリカの大統領は常に生命の危険にさらされているといってよい。

日本の周辺国でも韓国の朴前大統領やフィリピンのアキノ氏など凶弾に倒れた政治家は少なくない。

日本も戦前は二十九人の総理大臣のうち伊藤博文、原敬ら六人が暗殺されている。大隈重信のように一命を狙われながら危うく助かった者も多い。近衛文麿、広田弘毅、東条英機らは戦犯に問われ、自決または刑死している。

いずれにしても、彼らは政治家として職責を果たすために命を張っていたわけだ。

それが戦後はどうだろう。平和日本を象徴するかのように、政治家たちも凶弾に倒れた者は一人もなく、皆平和な生活を楽しんでいる。しかも昨今は総理大臣も自民党の派閥の領袖たちの順番制のような形になり、だれがなっても政治の実態に大きな差はなくなった。

その結果、政治家たちはせいぜい派閥間の抗争に心をくだく程度で、かつて中野正剛が命がけで政敵東条英機と対決し、原敬がテロを覚悟で皇太子（現天皇陛下）の外遊を実現させたような――二人はそのために実際命を失った――厳しい政治生活とは縁遠くなっている。

その点、サッチャーやレーガンは、一部の国民から憎まれても断固、自分の政治を遂行しようとすることがある。そこで彼らを倒せば世の中も変わるのでは……と考える連中が出てきてテロに走るのである。ＩＲＡテロもそうだ。

だがサッチャーはそれに屈せず、「テロで民主主義は倒せない」と言い放った。すさまじいまでの使命感だ。

一方、日本の政治家たちはこうした厳しい局面に立たされることがなくなったため、十年一日のごとくコップの中の嵐のような内部抗争に明け暮れている。

テロを讃美する気持ちはないが、政治には命がけで決断し行動する場面がたまには必要だという気がしてならない。

（速報税理、昭59・12）

政治家と金――後藤新平と正力松太郎

読売新聞の前社主で戦後は政界でも原子力行政などにユニークな足跡を残した正力松太郎は、読売に入る前、内務省の役人をしていた。それが読売の社長を引き受けることになったのは、警視庁の官房主事をしていたとき虎の門事件（昭和天皇が摂政宮当時の狙撃事件）が起こり、その責任をとって役人を辞めたためである。

浪人になってウツウツとして楽しまぬ日を送っていた正力のところへ、たまたま読売を引き受けないかという話が持ち込まれた。だが経営難の読売を立て直すには当時の金で十万円の資金が必要だという。正力は役所の大先輩で元内務大臣の後藤新平のところへ相談に行った。数日後、正力は後藤に呼び出されて十万円を受け取った。彼は後藤に感謝したが、ただその金は経済界に顔の広い後藤が、どこからか政治資金として取ってきたのだろう、ぐらいに考えていた。その後、正力は読売を再建し、今日の隆盛の基礎を築いた。そして後藤が死んだとき、彼は初めて広壮な後藤邸が、そっくりそのまま十万円の担保に入っていたことを知った。後藤は死ぬまで、そのことをだれにも言わなかったらしい。

正力は生前、この話をするたびに涙を流したという。これは正力と親交のあった前国民協会会長村田五郎から聞いた話である。

晩年の正力は自民党の後輩椎名悦三郎（のちに党副総裁）を引きたてるのに、ことのほか熱心だった。それも、この話と椎名が後藤の甥だったこととを結びつけると、なるほどとうなずける。後藤に対するせめてもの恩返しだったのである。後藤は関東大震災後の東京都復興に活躍したことで有名だが、ただそれだけの政治家ではなかった。

平民宰相と言われた原敬が東京駅で刺客の手に倒れたとき、公私の金銭のけじめが一銭一厘の間違いもなく、きちんとつけられていたことも有名な話だ。このことが分かって原敬の評価がまた一段とあがるのだが、後藤といい原といい、昔は立派な政治家がいた。

それにひきかえ現代はどうであろうか。どこからか得体のしれない金をかき集めてきて、それをばらまいては派閥をつくり、その派閥を母体に力で政権をもぎとる――戦後三十余年、日本の政治はこのパターンの繰り返しから脱却できないでいる。人格や識見より、まず金力である。

いまや井戸屏政治家はすっかり姿を消し、利権屋まがいの政治屋どもがしきりと横行している。彼らの口から〝国家のため〟〝民族のため〟といった話はほとんどきかれない。口をついて出てくるのは、票になるかならないか、政治資金を集めるいい口や方法はないか……といった話ばかりである。

　現在の世相を考え、金のかかる選挙の実体を考慮に入れれば、ある程度こうした傾向が出てくるのもやむを得ないが、それにしても実情はひどすぎる。これでは、政治はますます国民の信頼を失うばかりである。

（経済展望、昭57・3）

政治家の野心

昭和十九年七月二十二日、それまで約三年近くにわたって政権を担当してきた東条内閣が総辞職した。

折から継続中の太平洋戦争の戦局が悪化し、七月五日、本土防衛の重要拠点と言われていたサイパン島の日本軍守備隊が玉砕するに及んで、さしも強気な東条首相も、ついにその責任をとり退陣せざるを得なくなったのである。

跡を継いだのは小磯国昭陸軍大将であった。

だが、小磯内閣も戦火が刻々本土に迫りくるなかで、戦争指導に行き詰まり、翌二十年春には、早くも政権放棄もやむない状態に追い込まれた。

そのとき、後継内閣をめぐって、軍、重臣などを中心に、さまざまな政権構想がめぐらされたが、筆者は最近になって、そのうちの一つに東条元首相の復辟《ふくへき》工作があったことを発見した。

言うまでもなく、東条元首相は太平洋戦争開戦の直接責任者である。

その戦争は、緒戦でこそ予想以上に順調だったが、やがて戦争の主導権は日本軍の手を離れて米側に移り、昭和十九年に入ると、前記のようにサイパン失陥という最悪の事態に直面して東条内閣は瓦解したのである。

戦局は、その後もますます厳しさを加え、やがて米軍の相次ぐ空襲の前に本土は焦土と化していった。

そのころになると、国民の間には、公然と口に出してこそ言えなかったが、こうした無謀な戦争を引き起こした東条元首相に対する憎しみと怨嗟の感情が急速に広まり、また重臣や政界人の中にも、東条氏を批判する者が増えていた。

冷静に客観情勢をみつめれば、東条元首相は、とても政権を狙えるような立場ではなかった。だが、彼は再び内閣首班となることを目指して、ひそかに工作を開始した。

また、彼の周辺でも、それを諫めるどころか、そのために奔走した者が、けっこういたのである。

東条元首相とは旧満州時代からの盟友で、東条内閣の内閣書記官長（いまの官房長官）を務めた星野直樹氏や財界人の河合良成氏らが、その中心人物であった。

星野氏らは、次のように言って重臣はじめ政界の要路を口説いた。

「戦争もここまでくると、いよいよこれを終結させる段階にきている。それには、この戦争をはじめた者に幕を引かせるのがよい」

なるほど、理屈はつけようによってどうにでもつけられるものである。

そして政界人の中には、けっこうこの口説きに乗って東条復辟の片棒をかつごうとする者もあった。

ただ、このときは近衛文麿元首相が強硬に反対したため、東条氏らの工作は実を結ばなかった。優柔不断で、いざとなると全く頼りにならないと言われていた近衛氏にしては珍しい〝決断〟であった。

このため、結局はのちに終戦を実現する鈴木貫太郎内閣の誕生となったが、もし、当時東条復辟が成功していたら、その後の日本はどうなっていたであろうか……。

いずれにしても、この事実は、権力を目指す人間の欲望には限りがなく、また権力の周辺には、いつの世にも、それにたかって甘い汁を吸おうとする亡者どもが群がっているということを教えている。

そして、いまの自民党をこうした目でみると、その実態をきわめて明快に把握できるように思う。

戦争で国民に塗炭の苦しみを味わわせ、日本を亡国の瀬戸際まで追いつめてしまった東条氏でさえ、再び政権を夢見たのである。

この東条氏の犯した過ちに比べれば、田中元首相のロッキード事件など、国民に与えた打撃という点では問題でない（といっても、この事件を肯定するものでは決してないが……）。

田中氏本人も、そういう認識だから、ああして頑張っているのだろう。

まして田中氏以外の三木武夫、福田赳夫といった現存の元首相たちは、政権に未練を残しつつ退陣せざるを得なかった無念さはあっても、国家や国民に迷惑をかけたという意識は全くないだろう。

むしろ、在任中にやろうとしてやれなかったことへの心残りの方が強いに違いない。

こうみてくると、田中元首相をはじめとする元首相たちが、再度の政権を目指し、ひそかに万が一のチャンスの到来を期待していたとしても、決して不思議ではない。

すでに一度は権力の座につき、政権にはもう淡々とした心境になっているだろうと思う政治家たちでも、腹の中は大体こんなものだと考えた方がいい。だから政治家が政局について語る場合は、必ずその裏に含みや思惑がひそんでいると考えるべきだ。

（じゅん刊世界と日本、昭59・6・25）

議会演説の今昔

斎藤隆夫の「反軍演説」

議会政治の〝華〟、それは本会議の壇上から所属する政党を代表して行う質問演説であろう。

明治二十三年、日本に帝国議会が開設されてから今日まで、長い議会史の中で、その時代、時代を背景に、名演説家といわれる何人かの政治家が生まれた。

尾崎行雄、永井柳太郎などは、さしづめその代表格といえよう。

一方、演説のうまさもさることながら、内容的に格調高く、警世の辞に富み、将来への洞察力、敵の肺腑をえぐる鋭さと迫力を兼ねそなえた歴史的名演説もある。

昭和十五年二月二日、第七十五帝国議会の開会冒頭に、斎藤隆夫が民政党の代表質問に立った。このときの演説は、議会史を飾る演説として高く評価されている。

斎藤は時の内閣総理大臣米内光政に対し、舌鋒鋭く、しかも理路整然とこう迫った。

「支那事変は実に建国以来の大事件であります。しかるに歴代の政府は何をなしたか。二年有半の間に三たび内閣が辞職する。こういうことを繰返している間に事変はますます進み内外の情勢はいよいよ逼迫してくる。これをどうするか。如何に始末するか。日清戦争は伊藤内閣において始められ伊藤内閣で解決した。日露戦争は桂内閣が始め桂内閣が解決した。しかるに事変以来の内閣は何であるか。外においては十万の将兵がたおれているに拘わらず、内において事変の始末をつけなければならぬ内閣、出る内閣も出る内閣も輔弼の重責を誤って辞職する。内閣は辞職すれば責任は済むかもしれないが、事変は解決しない。護国の英霊は蘇らないのであります」

世にいう「反軍演説」である。

筆者は戦後の国会で斎藤に接したことがある。言論をもって軍部に立ち向かった闘士斎藤は、意外にも身長百五十センチそこそこ、体重も五十キロに満たぬ小男だった。しかも、〝これ以上痩せようがないといった顔つきで、天下の不景気を一人で背負っているかのよう……〟とかつて評された風貌そのまま、小柄で風采のあがらぬ人だった。

だが、その斎藤の演説は、当日出席していた議員たちに深い感銘を与えた。議場では、はじめのうちこそ野次が飛んでいたが、やがて満場粛然として聴きいるようになった。そして、演説が終わったときは、後日彼の議員除名に賛成した議員たちも含め、まさに拍手鳴りやまず、といった光景だったという。

しかし、斎藤は結局、この演説のために軍部の反発をかい、日ならずして議員を除名される羽目になる。

見識と迫力に欠ける今日の演説

議会政治は異なった意見の存在を認めあうことから出発する。本会議や委員会で自由に意見を述べ、丁々発止の質疑や討論を展開して、その中から多数意見と少数意見を集約し、国民の意思を決定する――これが議会政治の基本である。

だから議会を「言論の府」というのである。斎藤を除名した当時の帝国議会は、その点で、もはや「言論の府」としての機能を喪失していたわけである。

それに比べ、今日の議会では言論の自由が完全に保障され、いかに政府を非難攻撃しても、そのために議員を除名になるなどということはない。

現在の議員たちは、きわめて恵まれた環境下に政治家として活動しているわけである。

ただ、こうして何でも言えるよき時代を迎えながら、議会での演説に昔日の見識と迫力が欠けるのはどういうわけだろうか。また、議場に感動をよびおこす名演説がきかれなくなったのはなぜだろうか。

それは一口にいって議員たちの心掛けの差といってよいだろう。

望みたい真摯な姿勢

斎藤の演説が議員に感銘を与えた背景には、生命をおびやかす軍部の圧力と右翼のテロに屈しない彼の勇気があった。同時に不断の研鑽によって培われた広範な知識があった。斎藤は憲法、国際法に通暁していたが、さらに日常読書をかかさず、雑誌、新聞から抜粋したメモを克明にノートに書きとめていた。

反軍演説も、こうした資料に加えて新たにノートをつくるなど事前に丹念な準備をした上で草稿の執筆にとりかかっている。演説草稿など他人まかせが多い今の政治家とは、この辺がまず違っている。

また斎藤はこのとき、一時間半余にわたる演説を原稿を持たずに行っている。演壇にあがるとき手にしたのは伊藤博文の「憲法義解」一冊と新聞の切り抜き二、三枚、それに話の順序を書いたメモだけだった。

議会での演説は、今はあらかじめ用意した原稿をもって登壇し、それを読むだけ、いわば朗読演説である。昔は原稿なしにやるのが普通で、そのため皆草案を一生懸命に暗記したらしい。斎藤も、このときの演説では、数日前に草案をつくりあげ、庭を歩きながら、小声で暗誦していたという。

こうして行う演説は、草案を読むわけでないから、下を向くこともなく、議員一人一人に語りかけることができる。それだけ迫力も出てくるはずである。

議場にカメラが入って代表質問など一部始終が中継放送されるようになった今日、政治家は単に議場だけでなく、テレビを通じて広く一般大衆にも接することが可能になった。原稿の棒読みでなく、昔の議員たちのように演説をすべて自分のものにした上で大衆に訴え、その心をつかむことを心掛けるべきではなかろうか。

もっとも昔は今と生活様式も違い万事にゆとりがあった。政治家たちも自分の時間がかなりあったので、そうしたことが可能だったともいえる。

しかし政治家にはやはり寸暇を惜しんでもっと勉強し努力してもらいたい。そういう真摯な姿勢をみれば、国民の政治に対する信頼度も次第に増してくるはずである。

（じゅん刊世界と日本、平元・4・15）

新しい道徳と国家目標

高度成長は成ったが

昭和三十五年、岸内閣は安保騒動で崩壊した。

あとを受けて政権の座についた池田首相は、政治の流れを変えるために経済第一主義をとった。池田内閣の高度成長路線は経済の活性化をうながし、日本が先進国家の一員となる端緒を開いた。だが、その一方で国民の間に物質万能主義がはびこり、国家、民族の将来を憂慮する声も強くなった。

池田首相は、こうした批判に対し内閣末期に「人づくり、国づくり」を提唱、民族、国家の再構築をはかろうとしたが、間もなく病気のために退陣を余儀なくされ、この問題は、政治の大きな課題としてあとに残された。

それから二十余年、日本の経済や国力はついに世界のトップレベルにまで飛躍した。しかし、池田首相が的確な方向を示すことができなかった「人づくり、国づくり」は、その後何人かの歴代首相が手をつけようとしたにもかかわらず、結局未解決のまま今日に至っている。

また、この「人づくり、国づくり」の延長線上に当然浮かびあがってくる「日本の新たな国家目標」についても、政治は現在なお明快な回答を与えていない。

しかも、いまや世界の一流先進国家となった日本に対して、〝物金主義〟との非難や、豊かな国が国際社会の中で果たすべき責任を問う声が各国の間から急激に起こりつつある。

われわれは、このように内からも外からも難しい課題を背負うことになった。

いかに繁栄している国家も、国民が豊かさを謳歌するだけで、生きていくための道徳、哲学をもたず、国家の目標が定まっていなければ、その繁栄は長続きするはずがない。

その意味で、日本はいま重大な局面を迎えているといってよい。

さて、ここ二十年間にわたる日本の目覚ましい経済発展は、われわれの社会に多くの変化をもたらし、そこからさまざまな問題が発生した。例えば生活が豊かになるにつれて人々の価値基準が変わった。価値基準の変化で物質万能主義がめばえ、それが道徳観の変化につながった。

従来、日本の社会を規制するあらゆる道徳の根底にあったのは〝貧困〟である。国も民族も貧しかったから、日本の社会は〝貧しさ〟を前提にいろいろな仕組みができ、規範が設けられていた。道徳も〝貧困〟に処する心得が中心になっていた。勤勉でよく働く国民性、忍耐、我慢強さ、勤倹節約の思想……わが国の美徳といわれるもののすべての基礎に〝貧困〟があった。

ところが今日、日本は世界の中でもっとも豊かな国の一つとなった。国民道徳の前提となっていたものが、がらりと変わってしまったわけである。

ただし、社会は豊かになったものの、国民の心を支え、国民生活を規制するものがなく、貧困からは抜け出たが、逆に人々の心は貧しくなったとよくいわれる。

われわれ日本人はこの飽食、繁栄の現代に、いかなる道徳観をもつべきなのであろうか。

さらに、豊かになった国民として、国際的にどのような責任を果たし、どのように貢献するかも大きな課題である。ただ金をばらまき、物を与えればよいというものではない。

貧しい相手国民の心を傷つけずに、実効ある支援を継続して行うのは決して簡単ではない。節度、自制等々がおのずと必要になってくるし、それらを貫く哲学もなければならない。

いまの日本に果たしてそんなものがあるのだろうか。

見失われた国家目標

次は国家目標である。

日本には、今日に至るまで、その時代時代に応じた目標があった。

その昔、目標は中国であった。

われわれの祖先は、長い間中国大陸の文化、文明を範として国を運営してきた。そして、それを模倣、吸収するなかで、次第に日本独特の文明、文化を育ててきた。

やがて明治となり、今度は西欧諸国が目標となった。明治政府は急ピッチで西欧化を目指し、富国強兵の旗印のもと、先進国家と肩を並べるために国をあげて努力した。

しかし、太平洋戦争に敗れ、捲土重来を余儀なくされると、今度はアメリカが目標になった。アメリカのように自由で豊かな国になるのが国民の願望であり、国家の目標であった。日本社会のアメリカ化が急速に進み、幸いにも高度成長の波にのって経済に関してはアメリカと比肩し得るまでになった。

軍事力でははるかに及ばず国の安全はアメリカに依存しているが、工業製品では質量ともにアメリカを凌駕しようとしている。

国民生活も豊かになり、世界最高水準になった。国民一人当たりGNPはついに数字の上ではアメリカを追い抜き、文字通り世界のトップを行く勢いである。

同時に日本は世界でもっとも自由な国となった。目標にした国と同じところにまで到達したのである。

ただし、われわれは決して思いあがってはならない。中国にも西欧にも米国にもまだまだ学ぶべきことはたくさんある。経済力を過信して大国意識から他国民を見おろし自信過剰で自らを見失うようなことがあれば、たちまち世界から孤立し、第二次大戦当時の二の舞いを演じることになるだろう。しかし経済的成功で、われわれの目標とする国がなくなったのも事実である。さらに繁栄を続け、豊かな社会をつくっていくために、これからは、日本は独自の道を切り開いていかなければならない。これから日本民族あげての壮大な実験が始まるのである。

（じゅん刊世界と日本、昭61・7・15）

元首相たちに望みたい

かつてダルマ宰相といわれた高橋是清は、大正十一年六月、首相を辞任後も、しばしば一閣僚として国家に奉仕した。高橋が首相を辞めたのち、最初に入閣したのは大正十三年の第一次加藤高明内閣で、そのときのポストは農商務相であった。加藤高明伝によると、「伊藤博文内閣の下に山県前首相が法相となり、黒田前首相が逓相となったことがある。また山県内閣の下に松方前首相が蔵相に就任した歴史があるではないか。これ皆、内閣の重要施策遂行のため入閣して、その内閣の重きをなした実例である」といって高橋を口説き、若干の紆余曲折はあったが、結局高橋は入閣した。

財政家高橋是清の先例に倣え

ついで昭和二年の田中（義一）内閣、同六年の犬養（毅）内閣、同七年の斎藤（実）内閣、同九年の岡田（啓介）内閣、と彼は四つの内閣で蔵相を歴任した。

首相になる前、すでに原敬、山本権兵衛の両内閣でも蔵相を経験しており、自分の内閣で蔵相を兼任したのと合わせると実に前後七回、十年近くにわたって蔵相を務めたことになる。

その間、高橋は軍部の圧力から日本の財政を守るために孤軍奮闘した。

昭和十年一月、折から軍国主義が急速に台頭しつつあるさ中に、衆議院本会議で、「国家の財政が今日、他を顧みるいとまもないくらい最も大切なものである故にこの均衡を維持しなければならないという議題があるならば、まずもって軍備を減らすよりほかに道がないのである」と言いきった。

そして高橋は、この軍部への抵抗ゆえに、昭和十一年二月二十六日、岡田内閣の現職閣僚として二・二六事件の凶弾に倒れた。そのとき、すでに八十二歳の高齢であった。

高橋は、こうして倒れるまでの晩年数年間というもの、老齢にもかかわらず、ほとんど連続して蔵相を務め、国家のために奉仕している。そのことは、彼が財政の専門家として得難い人物であったことを示すと同時に、かつての地位や権勢にこだわらぬ恬淡とした人柄であったことを物語っている。

さて、長々と高橋のことを紹介したのは、ほかでもない。現在の中曽根首相や、福田赳夫、鈴木善幸、三木武夫ら首相経験者たちが、高橋の例に倣って、国家のため必要とあらば元首相の肩書などにこだわらず、再び政治の第一線に立って働いてほしいと思うからである。

しかし、自民党内では派閥が跳梁跋扈し、実力者間の怨念による足の引っぱり合いが絶えたことがない。

とくに、ここ十年ばかり、三木、田中、大平（鈴木）、福田、中曽根のいわゆる三角大（鈴）福中が実力者として派閥に君臨するようになってからは、こうした傾向が顕著になり、内閣は、ほぼ二年間隔でめまぐるしく交代するという状況が続いている。

勢い政局は安定せず、重要な施策があと追いになることが多い。諸悪の根源は派閥であり、その派閥を率いる実力者である。しかも、その実力者が首相経験者であるため、問題を一層複雑にしている。

福田、田中、鈴木、三木という現在の首相経験者は、いずれも、いまの政治環境では再び政権の座に就くことは難しい。だが、厄介なことに彼らはまだ政治に未練をもっているし、政界から完全に引退するほどふけ込んでもいない。

そのために派閥の長として残り、現実政治に直接間接介入して影響力を振るおうとする。このように元首相たちが、欲求不満な状態で、いつまでも政界に居座っているから、実力者同士の足の引っぱり合いが起こり、政治の混迷を引き起こしているのである。

首相経験者は派閥から離脱を

そこで、この際まず提言したいのは、首相経験者が派閥を離脱してほしい、ということである。本来なら〝派閥解消〟こそもっとも望ましいのだが、現実問題として、そうもいかないことは、過去の経験がよく示している。ならばせめて首相経験者ぐらいは派閥にとらわれず、国家的見地でものを考え、行動してほしいと思うのだ。第一、一国の首相を務めたほどの人物が、いつまでも一派閥のボスの地位にしがみついているのはみっともないし、情けないではないか。

さて、その上で元首相たちは高橋是清のように自分のもっとも得意とする分野で国家のためにもう一働きすることを考えてもらいたい。もっとも、これは現職総理の要請があってのことだが、中曽根首相も、福田氏らも、互いにこのくらい柔軟な目で強力な政治の展開をはかってほしい。

これは別に突飛な発想ではない。加藤高明が高橋是清を口説いた際実例を示しているように、内閣の歴史を調べると前例はいくつもある。

初代首相の伊藤博文は首相を辞めてから貴族院議長、枢密院議長、韓国総監等を歴任しているし、第二代首相黒田清隆、第三代首相の山県有朋も、加藤の言うように第二次伊藤内閣でそれぞれ逓信大臣、司法大臣に就任している。また第四代首相松方正義は伊藤内閣の蔵相、第十二代首相西園寺公望はパリ講和会議の全権委員になっている。

昭和になってからも、若槻礼次郎がロンドン海軍軍縮会議の首席全権、さらに十年代でも第三十四代首相近衛文麿が平沼内閣の無任所相、戦後初の東久邇内閣の国務相、平沼騏一郎も第二次近衛内閣の内務大臣、三十六代首相の阿部信行は朝鮮総督、三十七代首相米内光政は小磯内閣の海相……と、戦前は首相を辞めてからも一閣僚や全権、総督などさまざまなポストで活躍した人物が多かった。

再びの重要ポストで一働きを

戦後も例がないわけではない。四十四代首相幣原喜重郎は、四十五代吉田茂の内閣で国務相兼復員庁総裁に就任しているし、さらにそのあとも衆議院議長になっている。

中曽根首相も、福田赳夫、鈴木善幸らも、こうした先例にてらして発想の転換をはかり、この際首相経験者でも、場合によっては内閣や議会のしかるべきポストに、どんどん就くようにしたらいい。これは当事者たちが、その気にさえなれば簡単に実現できること。

そして、これにより内閣が強化され、同時に重厚味をもたせることができれば、加藤のいうように重要施策を遂行する上で、随分プラスになるだろう。

では、具体的にどのような処置が考えられるだろうか。

田中角栄は、いまの立場では除外するほかないが、例えば福田赳夫が財政の第一人者であることはだれもが認めるところだ。蔵相も首相になる前に三度経験している。

現在のような深刻な財政危機に際し、高橋是清の例に倣ってもう一度蔵相に就任、国家のために一働きしてもよいと思う。福田は晩年の高橋と比べれば年齢的にもまだ若いし、体力、知力ともその任に十分耐え得るはずである。

鈴木元首相は党内調整の名人といわれている。議会を円滑に運営するため、衆議院議長などはうってつけと思うがどうだろうか。中曽根首相も、将来、政権の座を離れたときに格好のポストがある。防衛庁長官（?）である。

こうして実力者が国家本意の姿勢に徹して働くようになれば、政治もかなり変わってくるだろう。少なくとも、現在のようにドロドロした派閥次元の抗争に巻き込まれているよりは、というよりも、こうした抗争の種を自分たちでまき散らしているよりは、どれほどましか分からない。また、このことは老害を増幅し政治の若返りを阻害することには決してならない。いまのように実力者がいつまでも派閥の長に居座っているから新陳代謝がうまくいかないのである。

政治の中枢は早く次代のリーダーたちにまかせ、彼らは派閥から離れて大所高所からそれをバックアップする。そして求めがあれば平閣僚でも何にでもなって助けてやる。そうすることによって政治は大きく変わるし、彼ら自身にも新たな進路が開け、生きがいが生まれてくると思うのである。

（週刊世界と日本、昭59・1・9）

何よりも治安対策を急げ

治安確保が国の最重要な責任

中曽根首相は、昨年秋に自民党総裁再選を果たしたあと、残る二年の任期中に外交、内政の懸案事項を片付けようと、意欲的に動いている。とくに行財政改革は、いよいよツメの段階にさしかかっており、首相の指導力にその成否がかかっているといっても過言ではない。

ところで、ここにもう一つ、政治が緊急に取り組まねばならないにもかかわらず、忘れられている大事な課題がある。それは国内の治安問題である。

いま世界中を見渡して、日本のように安全で住みやすい国は、あまりない。

国民にとって生活が向上し、豊かな社会に住むことは、もちろん願わしいことだ。しかし、それよりもさらに重要なのは、治安がよく、安心して暮らせるということである。そして、この安全な生活の保障こそ、国が国民に対して第一に負うべき義務といえよう。

かつて経団連の会長を務めた故石坂泰三氏は「火を消すことと泥棒を捕まえること以外は民間

で「お引き受けしますから、役所はあまり出しゃばらぬように」と口ぐせのように言い、政府に対して、リトルガバメント、税金のかからぬチープガバメントへの努力を要望し続けた。

要するに行政改革の実施、ということだが、これは裏をかえせば、〝何でも民間でやれるし、その方が税金の無駄遣いにならなくていい。ただし消防と治安の確保は、事の性質上、ひとつ政府がしっかりやってもらいたい〟ということである。

たしかに国民の安全な生活を守るためには、警察という大きな機構を厳正に運営して当たらねばならず、それは国の手にゆだねるほかはない。その点からみても、治安の確保は国のもっとも重要な責任の一つということになる。

米の恥部ニューヨークの地下鉄

さて、日本はこれまで社会基盤が健全で、警察もよく機能を発揮してきたため、国内の治安は他の先進諸国と比較してずば抜けてよく、したがって国民も安全という問題にそれほど気を使わずに暮らすことができた。他の国々はどうであろうか。

昨年までプロ野球巨人軍の一員だったスミス選手が、あるときスポーツ紙に「東京は自分の娘が夜一人で地下鉄に乗って帰ってきても心配しないですむ。アメリカでは考えられないことだ」と感想を述べていたのを読んだ記憶がある。

そういえば、かつてやはり巨人軍にいたホワイト選手も「日本は安全で住みやすいから、できたら長く日本でプレーしたい」と筆者に語ったことがある。

アメリカは豊かな国だが、その半面、プロ野球の選手までがこんな感想を漏らすほど治安が悪く、おそろしい国になっている。ニューヨークでもワシントンでも、夜の一人歩きはもってのほかだし、昼でも物騒なところがたくさんある。

そのニューヨークの地下鉄は「走る無法地帯」とまでいわれているが、それが決して誇張でないことは乗ってみただけですぐ分かる。

どの車両も外側はもちろん、内部も壁から天井に至るまで、これ以上書き込む余地がないほどのものすごい落書きだ。そんな電車を何年間も平気で走らせ、また乗っているのは、社会が荒廃している証拠で、事実、近年ニューヨークでは地下鉄の中で一年間に平均二十件の殺人事件があるという。

その他暴行傷害、強姦事件などは数知れず、強盗にいたっては、もはや日常茶飯事で珍しくも何ともないから、マスコミは見向きもしない。

地下鉄での暴行事件が先ごろ大きな社会問題となった日本とは、大変な違いだ。

こうした地下鉄内での事件に限らず、アメリカでは殺人事件ですら、よほど変わった例でなければ、新聞記事にはならない。それほど凶悪犯罪が多いのである。

やがて深刻な社会不安招く？

それに比べれば日本は近年犯罪が増えたとはいえ、アメリカはもちろん、イギリス、フランスなどヨーロッパの各国と比較しても、まだまだ安全で住みやすい。

ただ、最近になって、この世界に誇るべき安全な社会に、いささか気になる現象が表れだした。グリコ・森永事件と、自民党本部、科学警察研究所に対する放火事件である。グリコ・森永事件では、警察は犯人側からさんざん揶揄、嘲笑されながら半年以上たっても事件を解決できずにいる。

また一連の放火事件は、国家権力に対する公然たる挑戦である。しかも犯罪の証拠が現場に多数残されているにもかかわらず（いまの時点で）犯人はまだ挙がっていない。

この二つの事件に共通しているのは、犯人たちから警察がすっかりなめられているということである。これは、もっとも警戒しなければならない現象である。

もしこのまま、いつまでたっても犯人を検挙できなければ、警察の威信は地に落ち、国民は警察を次第に信頼しなくなる。その結果、犯罪はどんどん増え、凶悪化しよう。

犯罪が増えると警察はその対応に追われ、手がまわらなくなるから、小さな事件などにはかかわっていられず、手抜きをするようになる。かくして犯罪はさらに増え、悪質化するという悪循環が起こるに違いない。

日本は、たちまちいまのアメリカと同じような物騒な国になり、深刻な社会の荒廃を招くだけではなく、それが現在各国首脳を悩ましている政治テロに発展する可能性もなしとしない。

戦後の日本は、何かにつけアメリカの歩んだ道をたどってきた。個人の生活様式から流行、社会現象に至るまで、いろいろな面でアメリカのあと追いをしてきた。

それだけに治安や犯罪の面でも同じ道をたどって、やがてアメリカのような物騒な国になってしまうのではないか――筆者がいまもっとも懸念しているのはこの点である。

これだけは何としても防がねばならない。

警察制度このままでよいのか

それにはまず、アメリカのようなピストル社会にしないことである。ピストル、鉄砲類の不法侵入を水際でくい止めねばならない。次は麻薬である。アメリカは麻薬常習者が異常に増え、それが社会の荒廃と犯罪増加の一因になっている。日本は麻薬の上陸を未然に防がねばならぬ。そして犯罪を小さいうちにつみとり、エスカレートさせぬことが肝要だ。

政治の目指すべき目標はたくさんある。だが国民にとって何よりも大切なのは「安全な暮らし」である。

昨今の社会現象は、その安全な社会が崩壊するかどうか重要な岐路に差しかかりつつあることを暗に示している。

政府は、こうした状況を正確にとらえ、アメリカのような破局に陥らぬ前に、具体的な対応策を早急に講じる必要がある。

警察官の教育、訓練を見直すのはもちろんのこと、現行警察制度そのものについても、この際根本的に再検討し、将来の治安対策に万全を期すべきであろう。

（週刊世界と日本、昭60・2・18）

〝角福時代〟は終わった

怨念政治の典型〝角福政争〟

田中元首相の病状は深刻なようだ。このため角福時代も終わろうとしている。

昭和四十七年、佐藤栄作首相が退陣してから今日までの十余年間、政治は福田赳夫、田中角栄両氏の対立、抗争で明け暮れてきた。二人は、もともと佐藤内閣を支える両輪であった。

しかし、ポスト佐藤をめぐって血みどろの決戦を展開して以来、いわゆる〝三木おろし〟でほんの一時期手を結んだほかは、ことごとに対立し、時には陰湿な足の引っぱり合いを演じてきた。そのため政治が一向に安定せず、内閣も目まぐるしく交代を繰り返してきたことはだれでも知っている。

しかも二人の対立は主義や政策によるものではない。最初の角福戦争で生じた怨念、わだかまりが尾を引いたものである。

自民党全体が、十年以上にわたり、これに振り回されてきた。そのために政局の混迷を招いたことが何度あったであろうか。両者の力が傑出し、自民党の勢力を二分する形だっただけに、対立が激化すればするほど、政局への影響も大きかった。

大平内閣時代の四十日抗争はそのよい例で、政権政党である自民党は、あわや分裂というところまでいった。怨念の行きつくところ、まさに国家不在、国民不在の政治が展開されるに至ったわけである。

国難で一致した明治の政治家

その点、明治の政治家たちは怨念や対抗心で国を忘れるようなことはなかった。例えば、大久保利通、木戸孝允の二人は、西郷隆盛と並んで維新の三傑といわれているが、この両者はまた同時に最大の政敵でもあった。

しかし、明治七年二月、江藤新平らによる佐賀の乱が発生すると、内務卿大久保は自ら九州に赴いて暴動を鎮圧しようと決意し、その間の政務一切を政敵である木戸に一任することにした。

一方、それまで大久保に対して事あるごとに反発してきた木戸も、快くこれを受けている。

〝明治新政府の危機〟という共通の認識から、最大のライバル同士が、従来のわだかまりを捨てて握手をしたのである。こうした例は、ほかにもいくつかある。

伊藤博文、山県有朋は、同じ長州出身ながら、三傑亡きあとの明治政界を二分するライバルで、とかく対立することが多かった。だが明治三十七年、日露開戦という非常事態が到来すると、六十七歳の山県と六十四歳の伊藤は、多年の確執も忘れたかのように相提携して国難の処理に当たった。

このとき二人は互いに手を握り、

「万一のとき僕は軍職にあるのだから戦死すればすむが、君は国家の将来を背負ってくれなくてはならない。君の苦心は死にまさるものがある」（山県有朋）

「万一のときは老骨ながら銃をとって故郷長門の海岸を守ろう」（伊藤博文）

と決意を語りあった。

今日、日本は平和を満喫し、国の存亡にかかわるような危機とは縁遠くなっている。したがって現代の政治家と明治の政治家を同じ基準で比較するのは酷で、もしそういう非常事態になれば、いまの政治家たちもきっと怨念などにとらわれず、一致協力するに違いない——という見方ももちろんあるだろう。

一つの節目迎えた政治の構図

だが昨今、政治家の関心はもっぱら選挙や派閥、ライバルの動静など己れの利害に直接かかわる問題に集中し、国家や民衆のため、という立場からものを考え行動することがきわめて少ないような気がしてならない。

この傾向は実力者といえども大同小異で、とくにこの十年間、国家不在の怨念政治をみていてそうした感を深くする。ただ幸いなことに政治はいま一つの節目を迎えようとしている。

ライバル田中元首相が政治の第一線から消えれば、そのアンチテーゼ的役割を務めてきた福田元首相の存在意義も急速に薄れる。かくして田中不在という現実が、過去十年間角福を両軸に形成してきた政治構図を一変させようとしているのである。

いずれにしても角福時代が終わることだけは、ほぼ間違いない。怨念政治から抜け出す絶好の機会が到来したわけである。

（週刊世界と日本、昭60・5・27）

早急に宮中大改革を

明治四年八月一日、明治新政府は突如として宮中大改革を断行した。これによって天皇と国民の距離は一気に縮まり、国民が敬愛してやまない明君、明治天皇が誕生した。そしていま、昭和天皇の崩御で新しい天皇の時代が始まろうとしているとき、改めて痛感するのは第二の宮中大改革の必要性である。

欲しい「君臣水魚の交わり」

戦後の一時期、天皇はわれわれ国民のもっと身近なところにおられた。それがいつの間にか菊のカーテンによって遠く隔てられようとしている。一方、国民の間には若い世代を中心に、天皇と皇室に対する無関心層が増えており、ある調査では、それが二十歳代で七〇％にものぼっているという。

このような変化の中で、天皇と国民が織り成す日本独自の国家、社会を維持していくには、どうすればよいか。何よりもまず、皇室が国民に対して、より開かれた身近な存在になることであろう。それには宮内庁が保守的官僚主義から脱皮し、侍従ら側近たちも意識を切り替えて、宮中の風通しをよくしなければならない。

ところで、明治の宮中大改革はどのような状況のもとで行われたのだろうか。

明治元年三月十四日、天皇は五カ条の誓文を発表し、新政府の基本方針を国民に示した。

その中には「旧来の陋習《ろうしゅう》を破り、天地の公道に基くべし」の一カ条があり、外に向かっては、この精神に立って目覚ましい改革が進められた。

しかし、宮中内部は一向に旧態を脱することができなかった。それは多年にわたり権力をほしいままにしてきた公卿、女官らの側近が居座り、天皇を国民から隔離していたからである。このため、年若い天皇の周辺には、旧来からの文弱な気風がよどんでいた。

西郷、大久保、木戸ら維新の指導者たちは、このような状況を憂慮し、明治四年、君側の公卿、女官らを一掃する宮中の大改革を断行したのである。元勲たちは、かわって側近に各藩から戦場往来の経験をもつ少壮武士を送りこんだ。その結果、宮中の様相は一変し、質実剛健の気風がみなぎるようになった。

新たに側近となった者たちは、陛下のためと思えば直言して憚らなかった。一方、天皇もこうした空気を好まれ、昼間は彼らと火花を散らして論争、夜は酒を酌み交わしながら談論風発を楽しむということもよくあった。

まさに〝君臣水魚の交わり〟の言葉通りの関係がそこから生まれ、このようにして成長した英気溌剌たる天皇は、日本各地を巡幸して国民と密接に接触された。それは終戦後の昭和天皇の姿とよく似ている。

ご容体発表にみる明治との差

明治の顕官たちも天皇に対して遠慮はしなかった。明治天皇が不治の病に倒れられる四日前の明治四十五年七月十五日、枢密院本会議が開かれた。議長は元帥山県有朋である。天皇はその席で珍しく居眠りをされた。いまにして思えば、このときすでに病の影響が出ていたのであろう。しかし、そんなこととは知らぬ山県は、持っていた軍刀でドンドンと床を突いた。陛下はその音に驚いて目を覚まされたという。

今日、陛下と政治の要路に立つ人物たちとの間に、こうした場面を想像することは到底できない。当時はそれだけ彼らと陛下の距離が近かったのだ。

明治時代は、このように政府も側近も天皇を神格化したり、偶像視したりはしなかった。それは大正時代になっても変わらない。ただ昭和に入ると、太平洋戦争が終わるまでの一時期、天皇は一部の軍人、政治家たちによって神格化された。

このため、故昭和天皇は戦争終了の翌二十一年、年頭詔書で「人間宣言」をし、天皇が現人神《あらひとがみ》であり、日本国民が他の民族に優越した民族であるとの考え方を否定するよう求められた。しかし、昭和のこの限られた一時期を除けば、天皇は常に神とは程遠く、質実剛健な気風の中で人間的に過ごしてこられた。

それは明治天皇が亡くなられるときの病状発表や、大正時代に摂政がおかれた際の天皇のご容体書などをみても明白である。

当時の皇室に対する言論規制は、現在よりはるかに厳しかったのではないかと想像しがちだが、実際はそうではない。人間天皇の肉体的状況が驚くほど率直に公表されている。この点、昭和天皇の病状発表の方が、はるかに秘密主義的色彩が濃く、現在の宮中の閉鎖的体質、侍従、侍医ら側近たちの意識の遅れを痛感せざるを得ない。

具体的に比較してみよう。

明治天皇が亡くなられる十日前の明治四十五年七月二十日の宮内省発表は「呼吸三二回、ご精神恍惚としてご意識明確ならず、時々うわ言をおもらしあり……」とあり、二十八日には「時々全身にケイレンあり」、さらに亡くなる前日の二十九日は「ご四肢の末端暗紫色著明、ご危険なご状態」と病状悪化の模様が、日々克明に公表されている。

ただ数字を羅列し、「変動の範囲内である」「ご経過をひそかに拝見してみたい」といったコメントを繰り返すだけだった昭和天皇の場合と比べ、ずっと人間的で分かりやすい。

人間性も豊かに戦後のご巡幸

また大正十年十一月五日、故昭和天皇が摂政宮になられるに際し、宮内大臣が発表した大正天皇のご容体書も、神格化どころか人間天皇の苦しみがありのままに述べられている。要旨を紹介しよう。

「天皇陛下はご降誕後三週目を出でざるに脳膜炎様の御疾患に罹らせられ、幼年時代に重症の百日咳、続いて腸チフス、脳膜炎等のご大患をご経過あらせられるところありしが、ご践祚《せんそ》以来内外の政務ご多端に渉らせられ、日夜宸襟《しんきん》を悩ませられ給いしため、近年に至り遂にご脳力ご衰退の徴候を拝するに至れり。目下ご身体の御模様は引続きお変りなく、ご体重の如きは従前と大差あらせられざるもご記銘、ご判断、ご思考等の諸脳力漸次御衰えさせられ、ご考慮の環境もしたがって狭隘とならせらる。殊にご記憶力に至りてはご衰退の徴《しるし》最も著しく、しかのみならずご発語のご障碍あらせらるるため、ご意思のご表現甚だ困難に拝し奉るはまことに恐懼《きょうく》に堪えざるところなり」

さて、昭和二十一年人間宣言をされた天皇は、敗戦に打ちひしがれた国民を激励するため、地方巡幸を開始された。

同年六月、千葉の銚子では岸壁から港に帰ってくる漁船をみると「とれたかあー」と大声で叫び、「大漁だぞー」という船からの返事にニッコリされるくだけた場面があったという。また、翌二十二年栃木県の足尾銅山を訪れたときは、整列した従業員の中から突然労組の幹部が飛び出してきて握手を求めるハプニングがあった。すると陛下はニッコリ微笑んで「日本式でいきましょう」とカンカン帽をとり会釈されたそうだ。

この種の話は、巡幸先のいたるところに残っている。それは陛下が人間としての自由を取り戻し、のびのびと振る舞われたからである。そして国民は、陛下の飾り気のない人柄に接し、自然と親近感を抱くようになった。まさに開かれた皇室の姿がそこにあった。

だが、やがて菊のカーテンが、天皇と国民の間を隔てるようになる。

侍従は本来黒子に徹すべきだ

戦後日本の皇室の在り方を論ずる場合、よく比較の対象にされるのは英国の王室である。その英国では、国益に沿うとなれば女王やダイアナ妃が外国企業の工場開所式などにもしばしば出席している。

ダイアナ妃はウェールズのソニー工場を訪れたとき、ソニーのマーク入りの野球帽をかぶり、気軽に写真撮影に応じた。それほどサービス精神が旺盛なのである。今日の日本で天皇や皇太子妃のこうした姿を想像することはできない。宮中の官僚主義と、侍従ら側近の頭の固さのせいである。

もう一度ご巡幸当時に戻ることにしよう。昭和天皇が日立工場に行かれた際、陛下のすぐ後ろにいた米軍のＭＰが、同僚からたばこをもらい火をつけようとした。侍従たちはそれを黙って見ていたが、側にいた安倍能成氏（文相・学習院長）が大声で「ノースモーキング」と一喝し、たばこをもっているＭＰの手を打った。ＭＰはこん棒で安倍氏に殴りかかろうとしたが、まわりの者がなだめ、その場をおさめたという。

安倍氏よりはるかに若い侍従たちの間に、この老学者ほどの気概と勇気を示した者は一人もいなかった。明治の侍従ならこんなことはなかったであろう。こうした逸話の中に、現代の公卿に例えられる侍従たちの気骨のなさ、事なかれ主義の体質をうかがうことができる。

しかも、彼らは陛下を国民の目の届かぬところに隔離し、お好きな相撲や野球見物にも制約を加えておきながら、自分たちはその陛下をだしにして本を出版したり、料理屋で羽を伸ばしたり、結構面白おかしく遊んでいたようだ。本来黒子に徹すべきこうした者たちが、陛下を利用して浮かれている姿をみるにつけ、憤激の念を感じるのは筆者だけではあるまい。

天皇制と皇室の将来を思うとき、宮中の大改革こそ目下の急務である。

（週刊世界と日本、平元・２・13）

政治と均衡

昭和三十年代の岸、池田両内閣当時、自民党副総裁だった大野伴睦氏は、庶民性豊かな党人派政治家として有名だった。

この大野氏は、予算編成などで党内に意見の対立が生じたとき、両者の調整を図るのによく〝足して二で割る〟という手法を用いた。

双方の主張の中間をとる大野氏の妥協工作は、どちらも満足はしないが、〝まあこの程度なら〟と結局互いに折れ合うことになり、結構これで事がおさまる場合が多かった。

〝均衡〟〝公平〟を重視した、いかにも日本人的な解決方法である。

だが、一歩高いところに視点を移してこれをみたとき、単純な均衡を基にした妥協だけでは、必ずしも問題の本質を解決したことにならないこともある。

こんな例がある。

昭和十九年、日本は折からの太平洋戦争で莫大な消耗戦を繰り返しつつ、その一方で太平洋の島々を飛び石伝いに進攻してくる連合軍によりじりじりと包囲網をせばめられていた。

そのころ、制空権を敵側に奪われ、虎の子の戦艦、空母を相次いで失って劣勢に立った海軍は、ようやく航空機の重要性に気付いた。そこで遅まきながら空軍を主体に再建を図ろうとし、航空機増産に必要なアルミニウムの確保にのり出した。十九年のアルミの生産予想量は二十一万トンであった。海軍は、そのうちの三分の二に当たる十四万トンをよこせと主張した。

だが、ライバルの陸軍が黙って受けいれるはずがない。なにしろ当時の陸海両軍は〝米国に負けても海軍には負けたくない〟〝米軍に負けても海軍には負けられない〟……と、いまなお笑い話として語り伝えられているほど互いに対抗心をつのらせていた。したがって陸軍は海軍の要求に真っ向から反対した。

困った海軍は、海軍に軍籍のあった高松宮を通じて天皇陛下に直訴した。

天皇陛下は、このことを木戸内大臣に伝えられた。驚いた木戸内大臣は、〝東条首相に陸海で協議し善処するよう話します〟とお答えし、この旨を首相に伝えた。

これを受けて東条陸相(首相の兼任)、島田海相、杉山陸軍参謀総長、永野海軍軍令部総長のトップ四人による会談が行われた。

だが、双方同じ主張を繰り返すだけで一向にラチがあかない。

今度は天皇陛下が統帥部の最高責任者である杉山、永野両総長を直接呼んで〝互譲の精神によりまとめるよう〟指示された。

しかし、それでも両者の調整はつかず、結局、陸海両軍で予想生産量を折半した上、陸軍が改めてわずか三千五百トンのアルミニウムを海軍に譲るということになった。

大野伴睦流の足して二で割る手法で陸海均衡の決着をつけたわけである。

だが、圧倒的に優勢な敵の機動部隊に対抗するため空軍を主体に海軍を再建する、という肝心の目的は、これでは達成できないことが明らかだった。もっとも、海軍の主張したごとく、仮に三分の二のアルミニウムを割り当てたとしても、それによって戦局をばん回できたかどうかは疑わしい。ただ、それでも折半よりは多少の効果をあげることができただろう……。これは〝均衡〟が時と場合によって必ずしも最善ではないというよい例である。戦局は、そうこうするうちにどんどん悪化していった。連合軍の進攻の速度は予想以上にはやく、二月末にはトラック島の海軍基地が大空襲で壊滅的打撃を受けた。

さらに六月に入ると太平洋上の最後の砦と頼んだサイパン島も陥落し、日本は惨たんたる事態を迎えることになったのである。

しかし、陸海軍は、このようにいつもいがみあってばかりいたわけではない。

時代はかなりさかのぼるが、大正九年、原敬内閣当時の予算編成では、互譲の精神で解決が図られている。

この年、陸海両軍は、それぞれ大幅な国防費の増額要求を出していた。

そこで大蔵大臣の高橋是清（のちの総理大臣）は田中義一陸相（のち総理大臣）、加藤友三郎海相（のち総理大臣）を呼んで、

「陸海軍ともこんな大きな計画をたてているが、どちらも同時にこれだけいるのか。その間、緩急軽重がありそうなものだがそれはないのか。陸海軍大臣として考えずに軍部大臣として考えたらどうか」

と再考をうながした。すると田中陸相が、

「それは海軍が先だ。海軍には艦齢（軍艦が建造されてからの年数、一定の年数がきたら新しい船を造りかえなければならない）というものがある。陸軍は海軍の計画が全部完了するまで計画を待ち、それまでは必要やむを得ぬものだけ補充しておくにとどめよう。そのかわり海軍が完成したら、ただちに陸軍の計画遂行に移ることにしてもらいたい」

と言って譲歩した。

しかも田中陸相が偉かったのは、これで海軍に対抗意識を燃やす陸軍部内をぴしゃりとおさえたことである。

自分が属する組織の利害にとらわれることなく、より高い国家的見地から物事を判断し実行した田中義一氏は、さすがに立派な政治家で、後年の陸海軍トップが中国大陸への進出、対米英強

硬路線を主張する部内中堅、若手将校の下からの突き上げを押さえきれず、それが原因で結局日中戦争から太平洋戦争へと、ずるずるドロ沼にはまりこんでいったのとは、えらい違いようである。

田中陸相の譲歩は一見、陸海の均衡を欠く結果になった。しかし日本の国防を長期的に展望した場合、これによってはるかに均整のとれた防衛力をそなえることが可能となったわけである。いまは戦前と違い陸海空の三軍体制になっているが、それぞれがかつての陸海軍と同じように、狭い自分たちの領域の利害にとらわれた主張を繰り返し、大局的立場からの判断を忘れていることはないだろうか。

もっとも、こうした危惧は防衛問題に限らず政治全体についてもいえる。

政治が目先の公平、目先の均衡にとらわれて安易に妥協する例が非常に多いからである。

政治には、国民全体の利益、国家の将来を考えたとき、かつての田中陸相の例が示すように〝均衡〟よりも〝不均衡〟を決然と実行しなければならない場合がしばしばある。

政治家はもとより、国民全体が、この際そうした認識を一段と深める必要があるようだ。

（フェイズ、昭61・4）

テント村今昔

〝組閣〟〝内閣改造〟は、何といっても政治の〝華〟である。

このとき永田町は、大きな興奮に包まれる。

しかし、その組閣、内閣改造風景も、昔と比べると、随分変わった。

いまは、テレビの画面に首相官邸へ次々と呼び込まれる閣僚候補者たちの姿が映し出され、やがて、内閣記者クラブの会見室から、新閣僚の抱負がナマの声でそのまま茶の間に送り込まれてくる。

人事は流れ作業のようにスピーディーに運ばれ、テレビ時代にふさわしく、演出効果も満点だ。

それでも、首相官邸の玄関前には、過去の慣例に従って、組閣、内閣改造のたびに、各報道機関のテントが張られる。

これをテント村という。

ただ、これも、いまでは取材活動の根拠地として実際に利用されることは、ほとんどなくなった。

第一、日常生活にまでコンピューターが入り込んでいるいまの世の中で、最先端の技術と通信手段を駆使しているはずの新聞、通信社が、組閣というと、明治、大正の時代に立ち返ったかのように、旧態依然たるテント村を出現させるのは、なぜだろうか。組閣、内閣改造、という華やかな政治の舞台に色をそえ、お祭り気分を盛り上げるための一種の小道具のようなもの、と割り切って考えればいいのかもしれないが……。

ただ、テント村に象徴されるような、古い体質を残しているマスコミに比べると、日ごろ、そのマスコミから〝古い〟〝古い〟とさんざん批判されている政界の方が、むしろ、古い殻からの脱皮の度合いが進んでいるような気がする。

では具体的に、政治は、どのくらい変わったか。

改造、組閣というと、筆者がよく思い出す光景がある。

昭和二十年代の後半、ワンマン吉田内閣当時に行われた、ある内閣改造のときの一齣《ひとこま》である。

そのころ、〝御三家〟といわれていた大野伴睦（元衆議院議長）、林譲治（元衆議院議長）、益谷秀次（元自民党幹事長）のいわゆる党人派三長老が、党側の意向を盛り込んだ閣僚名簿の原案づくりをすることになった。

三人は、早速この作業に取りかかったが、集まった場所は、なんと国会下の某料亭であった。

それも夜ではない。

真っ昼間、しかもまだ午前中というのに、三人は、この料亭で閣僚候補の選考を始めたのである。

そこへ吉田首相の使いとして当時の佐藤栄作幹事長（のち首相）が三長老を訪問することになった。

駆け出しの記者だった筆者は、この料亭に佐藤幹事長を追って行った。

待つことしばし、やがて大野氏たちにおくられて幹事長が玄関口に出てきた。

驚いたことに、大野、林、益谷の三人は、そろってドテラ姿であった。

酒が入っていたかどうか、そこまでは確かめようもなかったが、とにかく朝っぱらからドテラ姿ででんとくつろぎ〝あれはどうじゃ〟〝うん、今度はこいつを入れてやろうか……〟などとやっていたのであろうことは、容易に想像できた。

日本式の風情をたたえた料亭の玄関口、ドテラにくつろいだ三長老、そうした光景のなかで、ただ一人洋服姿の佐藤幹事長は、なにか場違いな感じだった。

もっとも、佐藤氏もさるもので、にこやかな笑顔を女将の方に向け、

「おかみさん、今日は、こんな不粋なことですまんねえ……。この次はこれとやってくるからな……」

と小指を一本立て、愛嬌をふりまきながら車に乗り込んだ。

これが当時の改造劇の一場面である。

いま、こんなことがあったらどうだろう。

マスコミのごうごうたる非難の前に改造どころか、内閣自体がすっとんでしまうに違いない。

政界は旧態依然のようにみえるが、実際には随分変わった。組閣、改造の光景を見るたびに、そう思うのである。

（税務と経理、昭57・11）

原敬首相の墓

先日、盛岡へ講演に行った折に、市内大慈寺にある原敬の墓を訪ねた。

日本の憲政史上に偉大な足跡を残した原敬は、寺の本堂の向かって左側にある墓地の一角に、ひっそりとねむっていた。

高さ一・五メートルにも満たない簡素な墓石には、ただ三字「原敬墓」と刻まれ、裏に「大正十年十一月四日」と死亡の日付が小さな文字で彫ってあった。

それだけである。

政治家の墓には、とかく生前の権勢をひけらかすような位階勲等や栄爵等を彫り込んだ大きく立派なものが多い。

しかし、原敬の墓は驚くほど質素だった。

原敬の墓のすぐ左手に、同じような墓石があり、そこには「原浅墓」の三文字があった。妻浅の墓である。

また、その横に「原家墓」と刻んだ墓石がもう一つある。

原家の墓地にあるのは、それがすべてで、ぎょうぎょうしい飾り石や植え込みの類は全くない。質素でしかもすっきりしたこの墓は、原の遺志に基づいてつくられた。それだけに故人の奥ゆかしい人柄が、余計しのばれるのである。

原敬は、大正十年十一月四日、京都で行われる政友会近畿大会に出席するため東京駅に行き、駅長室で小憩後、改札口に行こうとしたところを、柱のかげから躍り出た十八歳の少年に短刀で心臓を刺されて即死した。

まだ六十五歳だった。

暗殺されなければ、円熟した政治家として、さらに多くの仕事をしていたに違いない。

もっとも、原敬の暗殺を企てる動きは、その年の初めごろからあった。

それを心配して直接、原に注意した者もかなりいた。

二月二十日にも、そうした注意があったようで、原はその日の日記に次のように書いている。

「夜、岡崎邦輔、平岡定太郎各別に来訪、余を暗殺するの企《くわだて》あることを内聞せりとて、余の注意を求め来る。

余は厚意は感謝するも別に注意のなし様も之なし、また度々かくのごとき風説伝わり、時としては脅迫状なども来るも、警視庁などに送らずしてそのまま捨置くぐらいなれば、運は天に任せ何ら警戒等を加え居らざる次第なり。狂犬同様の者にあらざる限りは、余を格別悪《にく》むべき筈も之なしと思うなり」

ただ、

「別に注意のなし様も之なし……運は天に任せ……」

とはいうものの本人も多少は気にかかったのであろう、同日付で遺書がしたためてあった。

この遺書は、遺産の分配はもちろんのこと、葬儀の時刻や、死亡広告の文案までそえた非常に詳細なもので、ここでも万事に几帳面な原の性格をうかがうことができる。

その中に次のような記述があった。

一、死後、位階勲等の陞叙授爵等の有難き思召あるとも絶対に御辞退申上ぐべき事

一、墓標は位階勲等を記さず「原敬墓」と銘記する事

一、葬儀は母や兄の例により、それ以上の事を為すべからず

ところが、原敬は死亡発表の直前に大勲位菊花大綬章を授けられた。

故人の遺志を付した高橋内閣書記官長（いまの官房長官）が辞退すべく宮中と折衝したが、「お上の御恩命」ということで、これは受けざるを得なかった。

当時の社会風潮から考えて、いかに故人の遺志とはいえ、それ以上固辞することは不可能だったといえよう。

だが葬儀は、遺書にのっとり、郷里の盛岡で執り行われた。

といっても東京から多数の要人が駆けつけ、大勢の市民たちが参列したから、市はじまって以来の盛大なものとなり、とても母や兄のときと同じ、というわけにはいかなかった。

現職の総理総裁が死んだのだから、これは、むしろ当然というべきだろう。

本来ならば本葬を東京で行い、それが、どんなに盛大なものとなったとしても、決して不思議ではないところだ。それに、〝せめて党葬を〟という声も強かった。

しかし、遺族が「故人の遺志」ということで固く辞退し、結局党葬も見送りになった。

こうして盛岡での葬儀が終わったあと、遺骨は十一月十一日、悲しみの氷雨に煙る大慈寺に埋葬され、墓も原敬の遺志を体して、あくまで簡素なものがつくられた。

いま、その墓石の前に立つと、偉大な政治家の志が、ひしひしと身に迫ってくるのを感じる。

原敬の墓は、政治家の本来あるべき姿を、無言のうちに教えてくれている。


（税務と経理、昭58・5）

戦後五十年国会決議に思う

日米貿易摩擦を契機に、アメリカで台頭した「日本異質論」は、いまではヨーロッパからアジアにまで拡大しつつある。これだけ西欧順応型の社会を構築した日本なのに何故?と思うが、戦後五十周年の国会決議をめぐる動きをみていると、やはり日本は異質の国と思わざるを得ない。

国益無視し愚かなる決議に走る

衆議院は去る六月九日「歴史の教訓に平和への決意を新たにする決議」を可決した。

標題は「平和への決意」だが、中身の主体は「わが国が過去に行ったこうした行為」つまり前段で述べている植民地支配や侵略行為に対し「他国民とくにアジアの諸国民に与えた苦痛を認識し、深い反省の念を表明する」というものである。

ただ、決議反対派への配慮から「世界の近代史における数々の植民地支配や侵略行為に思いをいたし」と導入部分で一般論を述べ、反発をかわそうと苦心している。しかし植民地支配や侵略行為を認めたことに変わりはない。

そこで問題にしたいことが二つある。

歴史観は決議すべきではない

一つは、さきの戦争をどう総括するか。それと国会決議との関連である。


国民の太平洋戦争に対する認識と評価は大きく分かれている。戦争を体験した一人一人にいろいろな思いがあるのは当然だ。戦死した人の遺族もいれば、戦場で、あるいは国内でも戦争のために傷ついた人はたくさんいる。肉親を失い、財産を失った者も多い。

こうしたさまざまな体験からくる思い、さらに戦争を総括する歴史観、これらを一つの決議にまとめることにそもそも無理がある。国会は多様な体験と価値観をもった国民を代表する集まりである。そこで一致して合意を表明するには、戦争に対する国民の気持ちがあまりにも複雑に分かれすぎている。できないことを無理にしようとしたのが今回の決議といえよう。

しかも国会はあくまで立法機関である。

国民の意思と歴史観を統一して決議するなどということには、そもそもなじまないし、やってはいけないことなのだ。

なぜ、それを強行したのか。国会議員の識見を疑わざるを得ない。

第二は、決議にあるように「世界の近代史上、数々の植民地支配や侵略行為があった」ことはまぎれもない事実である。

だが、こうした行為に対し議会が、今回のような決議をした国がほかにあるだろうか。

ベトナム戦争で敗れたアメリカ議会は戦後二十周年の節目に何をしたか。また、この戦争でアメリカの同盟軍だった韓国の議会は、この戦争をどう反省し、どう評価しているのか。

米韓両国には日本がいま非難されている慰安婦問題と同様の問題もある。

英国がアヘン戦争を謝罪したか

かつて七つの海に君臨し、膨大な植民地を支配した英国は、独立したこれらの国々にいかなる対応をしたか。英国は占領百年を経て香港島を中国に返還するが、占領のきっかけとなったアヘン戦争について、百年という記念すべき日に遺憾の意を表明する議会決議でもするのだろうか。

ハード英外相は、この点に関し日本記者クラブでの会見でこう述べている。「中国はかつて多くの世紀で帝国主義的だった。英国も中国ほどではないが帝国主義的だった。しかし、これは歴史の問題だ。だから英国は中国に遺憾の意など表明しない」

また、ハード外相から「かつて多くの世紀にわたって帝国主義的だった」と指摘され、最近もベトナムその他への侵略行為を頻繁に行っている中国はどうだろう。

日本に対しては繰り返し謝罪を要求するが、自らの帝国主義的行為については一度たりとも反省、謝罪などしていない。

アフガニスタンに侵攻したソ連、インドネシアその他を多年植民地として搾取してきたオランダ、ベトナムの支配者だったフランス、フィリピンを植民地としたアメリカ……等々、いわゆる先進国家による植民地支配や侵略行為は数えきれないほどある。だが、日本のように国会が反省、謝罪した国は一国もない。

子孫に不利益をもたらす懸念

こうしたなかで日本と同じように第二次大戦の敗戦国となったドイツの例がよく挙げられる。なかでも、しばしば引き合いに出されるのがワイツゼッカー前大統領の演説である。

ドイツはきちんと謝った。だからドイツは国際社会に受けいれられた。日本はドイツを見倣うべきだという意見がいま政界、言論界の大勢となっている。

しかし同大統領は「真実を直視しよう」「過去を否認する者は、これを再び繰り返す危険を冒すことになる」と言っているだけで、謝罪とか、そうした言葉は一言も使っていない。それを新聞、テレビはあたかも謝罪しているかのごとくねじ曲げて伝え、政治家も事実をきちんと検証せずに決議への流れにのってしまった。日本の政治と言論が過去に何度も犯してきた過ちを今度も繰り返してしまったわけだ。

さらにドイツの場合、戦争はヒトラーとナチスが起こしたものでドイツ国家と国民は関係なく、むしろその被害者という巧みな使いわけをしている。だからというのであろうが、賠償金も払っていない。そしてドイツ国会が今年日本のように反省、謝罪の決議をしたともきいていない。にもかかわらず、かつて多数の民族に苦痛を与えたドイツをはじめ各国のこうした対応をいぶかる者はいないし非難する国もない。

それが歴史の常識だし、国益ということを考えれば当然の対応だからである。

ただ日本だけが、こうした認識と懸け離れて国会での決議に走った。自虐的マスコミの意図的報道と、これによって国内的人気を得ようとする政党、政治家の思惑に振りまわされたためだ。最後にわれわれは、この決議がもたらす対外的影響についても注意深く見守っていかねばならない。

諸外国のなかには、この決議を足掛かりに、賠償その他の要求を持ち出し、自国の利益につなげようとする国が出てくるかもしれないからだ。そうなれば今回の決議が長年月にわたってわれわれの子孫をしばり、不利益をもたらすことになる。

国益を守るという観点に立つと、五十年決議にはあまりにも多くの問題点がかくされていることに気づく。

国会決議は全会一致を原則としている。だから本来なら見送ればよかったのである。それなのになぜ変則的な多数決で通してしまったのか。五十年決議は、もっとも愚かな行為だった。

（週刊世界と日本、平7・7・3）

暴走した金丸外交

先ごろ北朝鮮を訪問した金丸信元副総理の外交原則を無視した暴走ぶりには驚いた。だが、もっと驚いたのは、日本の国益にかかわる重大事を目の前にしながら、内外の政治に責任を負わねばならない政権政党自民党のなかにだれ一人、そのことを指摘するものがいなかったことである。政党が果たして、こういう姿でいいものであろうか。

金主席に手玉にとられた格好

金丸氏は、国内を舞台とする政治では、読みの深さと腹芸を交えた難局処理の巧妙さで定評のある政治家だ。しかし意欲満々で乗り込んだ北朝鮮の平壌では、それがまったく通じなかった。逆に百戦錬磨の革命家、金日成主席にいいようにあしらわれ、手玉にとられた格好だった。

平壌に到着早々から息つく暇もないほど周到に用意された数々の歓迎行事、そのなかに巧みに織り込まれた五万人のマスゲーム等々、金丸氏はすっかり感激し、平常心を失ってしまったようだ。

こうなると外交に素人の悲しさで、大事な金日成主席とのトップ会談に通訳も連れず、たった一人で臨んでしまう。外交交渉では、双方が通訳をつけるのが常識だ。そうでないと、会談の内容をどう変えられても証人もいないし記録も残らない。

外務省は、そうした点を考慮して、審議官や通訳官を同行させていた。

ところが金日成主席の滞在先、妙香山を訪れた自民、社会両党代表団は、北朝鮮側の巧みな術策にはまって、結局、金丸氏一人が金日成主席との第二回会談に臨むためその場に残り、通訳を含め他の団員はすべて平壌に引き揚げてしまう。こうして金丸氏はハダカ同然の状態で、国家の運命にも響く金日成主席との第二回トップ会談に、ただ一人臨むハメとなった。まんまと相手方の土俵に乗せられてしまったわけだ。

一連のトップ会談を通じて、金主席は第18富士山丸の船長ら二人を帰すことを明らかにした。だが日本側が得たのはそれだけで、あとは核査察、在日朝鮮人の法的地位など、日朝間に横たわる争点のほとんどを譲り、さらに戦前の日本統治時代の償いだけでなく、戦後の四十五年についてまで〝朝鮮人民がうけた損失について謝罪と償いを行う〟と約束させられてしまった。

理解できない戦後四十五年の償い

戦前の償いなら分かる。韓国に対しても同じ償いをしているのだから、将来、日朝間で国交が正常化した際は、韓国、北朝鮮両国のバランスをとった上で同様の処理をすればよい。しかし、戦後の四十五年についてまで、日本はなぜ償いをしなければならないのだろうか。

金丸氏は、早く国交を樹立した韓国との間の落差を埋める〝金利のようなもの〟という。だが、そんな発想でこの問題を処理されたのでは、実際に金を払わされる国民がかなわない。

第一、戦後の四十五年間、日本は北朝鮮にどんな損害を与えたというのだろう。

今回七年ぶりに帰国した第18富士山丸の船長たちのように、なんの罪もない船員を人質として抑留したのは北朝鮮である。これだけでも人道にもとる暴挙といわなければならない。

ほかにも、戦後北朝鮮に残ったまま、一度も生まれた祖国に里帰りできないでいる北朝鮮人と結婚した何千人という日本人妻、また二十数年前北陸を中心とする日本海沿岸地帯で多発した行方不明事件。こうした蒸発事件は北に拉致された疑いがきわめて濃い。現に、そのうちの一人からは「北朝鮮にいる」との手紙も届いている。

このように戦後の四十五年に限っていえば、なにかと被害を受けたのは、むしろ日本の方である。また北朝鮮との国交正常化が韓国より遅れて今日にいたっているのも、北朝鮮側がとりつづけてきた対日敵視政策に主たる原因がある。にもかかわらず、なぜ日本が謝罪し、償いをしなければならないのだろうか。

金丸氏は金主席と会談したあと、感激した表情で最大級の敬語を使いながら「主席閣下」を連発し、「本当に泣けるような気持ちで報告します」と述べている。

老練な金丸氏も、ここまで感激させられたのでは、正常な判断力など働くはずがない。結局、情に流された形で北朝鮮ベースの共同声明に調印してしまった。

金日成主席の方が一枚も二枚も役者が上だったということだ。

政府からも国会からもなんの委任も受けていない一国会議員金丸氏に、本来、こうした問題を責任をもって処理する権限はなにもない。だが、最大派閥経世会の会長として国内政局に絶大な影響力をもつ現在の立場から、外交面でも自分に強大な権限があるかのごとく錯覚したところに、今回の悲劇があった。

そして、この北朝鮮労働党との共同宣言により、われわれ日本国民と政府は、今後の対北朝鮮外交に戦後の償いを含む、いくつかの厄介な問題を背負い込むハメとなった。

素人の火遊びでとんだ大火傷をすることにもなりかねない――これが金丸北朝鮮外交の波紋と教訓である。

金丸氏の前に沈黙の政権政党

ところが冒頭述べたごとく、国益に影響するこれほど重大な問題と直面しながら、政府、自民党のなかに、これを問題視する動きがほとんどみられない。わずかに長老議員の一部が批判しただけである。

本来ならまっ先に反応を示すべき海部首相、中山外相はみてみぬふり。また将来政権を目指そうという実力者たちも沈黙したままだ。それは最大派閥に君臨する金丸氏を敵にまわしたら海部内閣は政権が維持できないと首相が判断し、実力者たちも金丸氏の機嫌を損じたら政権とりに名乗りをあげたとき支援してもらえなくなると考えているからである。

さらに中堅、若手議員たちも、十二月の内閣改造、党役員人事を控え、金丸氏ににらまれたらポストにありつけなくなることをおそれているのであろう。

こうして党内が一人の権力者の顔色をうかがい、損得勘定で発言、行動を自己規制する形になってしまっている。

ひと昔前まで自民党はそうではなかった。たとえば田中（角栄）内閣の全盛時においても、当時の若手、渡辺美智雄、故中川一郎氏らは日中国交正常化に反対し、敢然と批判、行動したものである。

政治家が権力者の顔色をうかがって事なかれ主義に堕し、互いの切磋琢磨を忘れたらどうなるか。軍部に迎合した戦前の大政翼賛会の例が端的に示しているように、政治は活力を失い、民主政治の自滅につながるだろう。

その意味で、政治はいま重大な危機に直面しているといわねばならない。

（週刊世界と日本、平2・11・12）

死の危機五回——金大中大統領

先日来日した韓国の金大中大統領は、歩くとき左足をかなり引きずっていた。これまで同大統領を写真やテレビの画像等で何度もみてきたが、足が悪いとは知らなかった。高齢のせいかと思った。だがそうではなく、三十年近く前、軍事政権と対立していた同氏にトラックがぶつかってきたときの後遺症だそうだ。

このときに限らず、金大統領は自分の政治信条に従って行動してきたため、何度となく生命の危機にさらされた。約半世紀近い政治活動の間に、六年余の獄中生活や自宅軟禁、亡命等々、苦難の連続で死の危機に向かい合うこと五回に及んだという。

東京のホテルグランドパレスから韓国中央情報部によって拉致され、ひそかに韓国へ運ばれる船の途中で危うく日本海に沈められそうになったことは、われわれ日本人もよく知っている。にもかかわらず金氏は屈しなかった。

先日来日した際、ＮＨＫのインタビューにこたえ「国民を裏切るよりは自分の命を捨てる覚悟で生きてきた。原則を放棄し現実と妥協して成功したとしても、歴史の中では結局敗者だ」と語っていた。

普通の政治家が言うとキザにさえ聞こえるこうした言葉も、死と向きあって生きてきた金氏が言うとずしりとした重みがある。何かにつけ「命がけで……」を乱発する日本の政治家とは「命」の重みが違う。

（週刊世界と日本、平6・11・9）

品格落ちる国会論議

最近の国会論議は〃中身がない上に品格も落ちる〃とよくいわれる。質問は役人の知恵を借りて書き、一方、答弁を書くのも役人——というのでは、為政者の心胆を寒からしめる質問が出てくるはずもないし、丁々発止の論戦など期待する方が無理というものだろう。ただ中身はないのに品格だけはどんどん低下している。

前国会で民主党の中野寛政代表代行が行った質問はその最たるもので、彼は橋本首相に対し「このままでは日本政治史上、無能、無策、厚顔無恥、最悪の首相として悪名を残す」とこきおろし、「橋本内閣の政策は理念がない、計画性がない、反省がない、景気対策も中身が少ない、間に合わない、効果がない、もう一ついでに情けない、まさに橋本〃ない内閣〃だ」と下手なダジャレを交えて揶揄した。

昔も品のない人身攻撃はあった。大正三年、海軍疑獄シーメンス事件の際、貴族院議員村田保は山本権兵衛首相に対し、「山本大臣閣下を人民は公然国賊といっている。また海軍収賄の発頭人と申しておる。閣下の面貌は監獄へ行けば類似の者がたくさんあるといっている」と痛烈に攻撃した。ただ、村田は演壇を下りると「陛下の信任厚い総理大臣を玉座の前で面罵し恐れ多い」と言って直ちに議員を辞職した。それなりの覚悟をもって発言したのだ。

（週刊世界と日本、平10・7・6）

一ジャーナリストの体験と意見

言論人も正論貫く勇気を

日本人にいま一番求められるのは何か。それは勇気だと思う。例えば、政治家は常に選挙民の顔色をうかがい、国民大衆に迎合し、自己の信念を貫く勇気に欠けること甚だしい。これは陣笠代議士だけではない。派閥の領袖、さらには政界の頂点に君臨する首相といえども例外ではない。

正論を吐き続ける勇気

英国が生んだ大宰相チャーチルは、かつて祖国の危急存亡を担う宰相の条件に「不人気なことを実行し、妨害をものともしない人物」を挙げた。

残念ながら、世論調査の支持率に一喜一憂する昨今の日本の首相に、この気迫と勇気を期待することはできない。

最近評価を高めつつあるニクソン米元大統領も、「支持率の行方に盲従する政治家は偉大な指導者はおろか、よき指導者にもなれないだろう。世論調査の結果は、どういう人々を説得する必要があるかを知るには有用だが、それによって進路を決めるようでは当事者能力の放棄である。指導者は世論調査に従わず、むしろ自己に世論調査を従わせなければならない」と言っている。

勇気に欠けるのは経済界も同様である。

財界というところは、つとに〝向日〟の異名があるごとく、権力になびく従順な体質が特徴的だが、これに加えて経営者の社員に対する阿《おもね》りが次第にひどくなってきている。

会社の将来を見すえて厳しい経営姿勢をとらねばならないようなときも、社員によく思われたいという気持ちが先立ち、迎合的になる経営者のなんと多いことか。

また、生徒を教育するのではなく、自分が生徒の人気者になりたがる教師、目の前で行われている暴力行為に見て見ぬふりをする大衆……とにかくあらゆる階層、あらゆる職域を通じ、勇気の欠如が目立つ。

言論界も同じことだ。戦前とは逆に、イデオロギーに染まった偏向報道がまかり通る大勢の中で、毅然として一人正論を吐き続ける勇気がない。

世の中の流れに迎合し、風が右から左へ吹くとみれば、さっさとそれにのり、逆に左から右へ吹けば、黙ってそれに身をまかせるという態度だ。

戦前も新聞はおしなべてそうだった。

軍部が政治に容喙《ようかい》し、その専横ぶりが目に余るようになったとき、中央の多くの新聞は、発刊禁止処分になることをおそれて批判の矛先をにぶらせ、結局、その軍門にくだった。
また記者たちも逮捕、投獄の危険を感じて筆を折った。日本が不幸な戦争に突入していった要因の中には、こうしたジャーナリズムの責任を見逃すことはできない。

信念の人桐生悠々と菊竹六鼓

しかし、地方紙の中には、ごくわずかではあるが、官憲の圧力に屈服せず、最後まで筆を曲げなかった勇気ある記者もいた。信濃毎日新聞の桐生悠々、福岡日日新聞の菊竹六鼓は、その双璧として有名である。

桐生は「関東防空大演習を嗤《わら》う」と題する社説で、当時のお祭り騒ぎの防空演習を批判し、「将来もし敵機を帝都の空に迎えて撃つようなことがあったならば、人心沮喪《そそう》の結果、我はあるいは敵に対して和を求めるべく余儀なくされないだろうか。なぜなら敵機を迎え撃っても一切の敵機を射落とすこと能わず、二、三のものは帝都の上空に来り爆弾を投下するだろう。そして、この討ち漏らされた敵機の爆弾投下こそは木造家屋の多い東京市をして一挙に焼土たらしめるだろうからである」と喝破した。そして、「とくにそれが夜襲であるならば、消灯してこれに備うるが如きは却って人をして狼狽せしむるのみである」と言い切った。

十年もたたぬうちに太平洋戦争となり、事態は桐生悠々の予言した通りになった。勇気に加えて先見性をもった立派な言論活動であった。

一方、菊竹六鼓は青年将校たちが犬養首相を首相官邸に襲って殺害した五・一五事件をとらえ、以後これがファシズムへの流れとなることを警告し、福岡日日新聞の紙上で執ように軍部批判を繰り返した。

これに対し軍は、福日の発行停止をにおわせたり、不買運動を展開するなど、手をかえ品をかえ圧力を加える一方、菊竹に対しても〝生命の安全を保障できない〟といったたぐいの脅迫状を送り電話をかけて脅かし続けた。

ジャーナリストの気概

しかし、菊竹はあくまで抵抗の姿勢を崩そうとしなかった。当時の状況を思えば、まさに命がけの抵抗であった。

結局、福日は当局の圧力を受けながらも、何とか発禁を免れて存続し続けた。だが菊竹六鼓は、もともと丈夫でない体が、こうした悪戦苦闘の連続に、すっかり消耗してしまい、昭和十二年七月、日中戦争が始まると間もなく結核のため亡くなっている。

仮に菊竹が生きながらえていたら、戦争に突入した当時の日本で、彼がどのような運命をたどり、福日がどのようになっていたか……実に暗たんたる結果が想像されるが、幸か不幸か、この事件は菊竹の死で一応のピリオドが打たれた。

　桐生悠々といい菊竹六鼓といい、この時代のジャーナリストの中には、数こそ少なかったが、こうして言論の自由を守るため命がけで戦った者がいた。

　彼らは勇気あるジャーナリストであった。今日、溢れんばかりの自由を享受している日本では、もはや新聞人が命がけで権力に立ち向かうという悲壮な状況は、どこを見渡してもない。

　にもかかわらず、なぜ正論がともすると影をひそめ、偏向報道がまかり通ろうとするのか。記者たちが大衆に阿り、労組をはじめ大組織の圧力にひるんで事なかれ主義に走るからである。

　命を奪われるわけでないことは分かっていても、正論を吐いたため仲間から孤立することをおそれるからである。またその一方では権力に媚び金のために筆を曲げる記者も多くなった。要するに恵まれ過ぎた環境の中で、いつの間にか言論人としての誇りを失い勇気をなくした者が多くなったせいである。

　もっとも、ジャーナリズムは理想を追い求めるあまり、現実から遊離したのでは責任を果たすことができない。

原敬の逸話に学ぶ偉大な教訓

　その昔、さる著明な評論家が原敬（戦前大宰相といわれた首相の一人）に会って、「政治が腐敗する原因は選挙に金がかかるからだ。金のかからない政治を建設する必要がある」と言った。

政治の実態はいまも昔も一向に変わらず、それに対するジャーナリズムの批判も全く同じなのには驚くほかないが、高名なジャーナリストといえども一切媚びたり迎合したりしなかった原敬は、この意見に対し即座にこう言って反論した。

「そんなバカなことがあるか、みんな金を欲しがるではないか。金を欲しがらない社会をこしらえてこい。そうしたら金のかからない政治をやってみせるよ」

結局この評論家は二の句がつげないで、原敬にやりこめられた形となった。

この逸話には二つの教訓がひそんでいる。一つはジャーナリズムに迎合せず、思ったことをズバリと言ってのける政治家の勇気の大切さ、そしてもう一つは、ともすれば現実から懸け離れた空理空論をもてあそぼうとするジャーナリズムの通弊に対する反省――である。

言論人にとって、だれも反対できない理想論を並べたてるのはいとたやすいことだ。だが、それがどれほど現実問題の解決に役立つだろうか。言論人の本来の使命は、理想論を説く前にまず現実を直視し、そこから立脚した論旨を展開することである。言論人は偽善者であってはならない。

汚いものは汚いものとしてまず認め、その上で現実に即した論陣をはるべきである。それには大変な勇気を必要とすることがしばしばある。


（週刊世界と日本、昭62・1・12）

軍政下の沖縄特派員第一号

一九五八年六月三十日、沖縄に向かって羽田を飛びたったノースウエスト機は、まだプロペラ機だった。私は米軍占領下の沖縄に日本本土のマスコミで初めて常駐を許可された時事通信の特派員として、未知の世界へ飛び込んでいく不安と興奮に緊張しながら機内にいた。

やがて眼下に島影が見え、サンゴ礁の青い海と白い砂浜が近づいてきたと思ったら、あっという間に那覇空港に着陸した。外へ出た途端、モーッと熱気が足下からあがってきて、一瞬くらくらっとしたのを覚えている。

それから二年近く、軍政下の取材という貴重な体験をした。しかも、この間に常駐特派員として入域が許可されたのは、約一年半後に着任した朝日新聞だけだった。孤独だった半面、現地情報が少なかったせいもあって、何を書いても地方紙が大きく扱ってくれるという幸運に恵まれた。そして帰国し政治部に復帰したとき、岸信介内閣は末期で政治は安保で大きく揺れていた。

沖縄はオキナワだった

実際に沖縄へ来て最初に感じたのは、那覇市が意外に大きく、しかも悲惨な戦火にもかかわらず立派な復興ぶりをみせていたことだ。

とくに那覇市のメーンストリート国際通りの活気と華やかさは意外だった。この通りは、もともと田んぼだったところにできた。そこでアメリカ人たちは誇らしげに〝奇跡の一マイル〟と呼んでいた。

通りの両側のウインドーには宝石、高級外国製時計、カメラ、ゲランなどの香水や化粧品があふれていた。またサンキストのオレンジやバナナ、コカコーラ、ペプシコーラなどの清涼飲料水、米国製缶詰等々が店にうずたかく積まれていた。いずれも当時の日本では、ほとんど目にすることのできなかった品々である。

二カ月後には通貨がドルに切り替わり、こうした品々にはすべてドルやセントの定価がつくようになった。それをみると「ここは日本ではなく、沖縄でもなく〝オキナワ〟なんだ」と改めて感慨を覚えたものだ。

道路は右側通行でピカピカのアメリカ製大型車が走っていた。停止や注意信号は真夜中、人が見ていようがいまいが完全に守られ、日本本土のような神風タクシーもなかった。道路を横切ろうと道端に立っていると、飛ばしてきた車が止まり〝渡りなさい〟と合図する。歩行者はゆっくりと向こう側へ渡ればいい。素晴らしいハイウエーと人命尊重、よき時代のアメリカがそのまま沖縄に移された感じだった。

だが、よくみると復興したのは表通りだけ。堂々としたビルの脇をちょっと裏手にまわると、みすぼらしいカヤぶき屋根の家屋がドブ川にのめりこみそうに建っているのが目に入ってくる。宝石、近代ビル、米国製高級車……といった〝キャデラック文化〟と背中合わせに、貧しさをむき出しにした島民の生活があった。

沖縄はオキナワであり、また光と影の島だった。

軍票からドルへ切り替え

那覇に着任して最初に遭遇した大きなニュースは通貨の切り替えである。

八月二十三日、ドナルド・ブース米高等弁務官は従来の軍票B円を九月十六日を期して米ドルに切り替えると発表した。当時一ドルは三百六十円、B円だと百二十B円、したがって一B円は日本円で三円だった。

弁務官は発表に際し「切り替えに政治的つながりはなく、琉球経済の飛躍的発展に大きな役割を果たすものだ」と強調した。だが、住民側の受け止め方は、

「通貨をドルにすることにより経済をがっちり握ってしまえば、沖縄の米国化が進み、基地保

持が今後はもっと容易になるとの米側の思惑から実施された」というのが一般的だった。また、これにより多くの住民の悲願である沖縄の日本復帰は遠ざかるだろうとの悲観論が急激に台頭した。しかし、その一方で当時、円の実態は一ドル四百円以上といわれていた時代だったから、世界で一番強いドルが通貨になったことで自分たちの生活は安定するはず、と期待する住民も少なくなかった。

軍政と報道の自由の相克

軍政下の沖縄に果たして報道の自由はあったのか?

私の時代に限って言えば「あった」とも言えるし、「なかった」とも言える。

東洋のジブラルタルといわれていたこの基地の島で、驚くべきことに米軍占領の当初から新聞の検閲は行われていなかったようだ。占領下の日本新聞界が長い検閲時代に苦しめられ、インボデン新聞課長の一言によって空白や黒く活字を塗りつぶした新聞を出さねばならなかったのに比べ、沖縄の米軍当局は寛大だった。現地の新聞は、そんなことを一度も経験しないですんだ。

また、日本の新聞が進駐軍の犯罪に「大男の暴行」などと苦しい表現をしていたころ、それより厳しい占領下にあった沖縄では「米兵が沖縄娘に暴行」などという記事が大っぴらに通っていた。

ただ、軍当局の圧力はいろいろな形であった。私が接触した米軍要人たちのなかには、「前に（一時訪問で）来た日本の新聞記者たちは、自分らの前ではいいことばかりしゃべっていたが、帰ったら全く反対のことを書いた。もちろんわれわれはあなたに限って、そんなことはないと信じていますがね」

と、妙なクギのさし方をする者がいた。

土地問題が片づいたとき、住民側から「さあ次は復帰だ」といった言葉を聞いたすぐあとで、米軍幹部から「これで復帰問題もやかましくなるでしょうね」と、けん制気味に話しかけられたこともある。

こんな経験もした。

一九五九年六月下旬のある日、私は突然、米民政府の渉外報道局から呼び出しを受けた。「相談したいことがあるからすぐ来てほしい」という。駆けつけると、当時のバーツ渉外報道局長が「ちょっと待っていてくれ」と言って、タイプした紙を持ち階段をかけ上がったり下りたりしている。表情は真剣だ。

二、三十分も待たされ、「急いで来てくれ」と呼び出しておきながら失礼なやつだ、といいかげん腹が立ってきたころ、バーツが戻ってきて局長室へ招じられた。

開口一番、「実は刑法の改正問題をいち早くモスクワ放送や新華社電が攻撃してきた」という。

そして「あなたは、この問題について原稿を送ったことがあるか」と。どうやら嫌疑はこちらにかかっているらしい。

彼が持っているタイプ打ちのペーパーの端に「ＦＢＩ」の文字が見える。「これはえらいことになるかもしれない」と緊張していると、相手は急にくだけて「ところで、折り入って相談があるんだが、ひとつわれわれに協力してくれないだろうか」と言う。

「協力といってもいろいろあるが、一体どういうことをすればよいのか」と聞くと、「要するに改正刑法がモスクワ放送のようなものでないという反駁の解説記事を書いてほしい」と言う。

報道局長が脅しにかかる

「イエス」というのはやさしいし、それで今後の記者活動がぐんと楽になるのは分かり切っている。しかし、それでは新聞記者としての良心が許さない。

「残念ながら新聞人としてアメリカの代弁はできない。しかし、そんなに反駁したいのなら、正式に米民政府としての反駁声明か談話を出したらよいだろう。そうしたら私は記者だから、それをそのまま打電しよう」

と妥協案を持ち出してみたが、

「正式に声明を出したのでは敵の挑発に乗るようなものだからだめだ。どうしてもあなたの名前で解説を書いてほしい」

と譲らない。

そして「ここで協力してもらえば、あなた自身も、あなたの社の将来のためにもいいだろう」とはっきり言う。施政権を握るものの本音がみえる言い方だ。

カチンときたから「新聞記者としてアメリカの代弁だけは、どうしてもできない」と重ねて言うと、先方の態度ががらりと変わった。

「あなたは民政府に何か偏見をもっているのではないか。あなたが二度と、この島にこられないようなことがあると不幸だから、ここはお互いにうまくやった方がいいだろう」と脅しにかかってきた。

考えてみると、当時は冒頭に書いたように、私の社が沖縄に入域を許された日本で唯一の報道機関だった。喧嘩をするのはやさしいが、それで私が強制退去になり、社が後任を送れなくなっては困る。また、そのために以後日本本土からの記者は一切シャットアウトとなっても、いささか大げさな言い方だが、日本の新聞界全体に相すまない。施政権を握られているのだから、たとえ新聞人シャットアウトと言われても、現実には何ともできない弱みがある。

ここは何とかうまく切り抜けねば……と思いめぐらしていると、先方も、さすがに少々えげつなかったと反省したのだろう。

「とにかく、こちらの言い分を聞くだけ聞いてくれ。解説は書いても書かなくてもいいし、あなたが、それをどう扱ってもいい」

と折れてきた。ここらが妥協のしどころと考えたから「それなら解説を聞くことにしよう」と答え、衝突を回避した。

彼らが釈明したかったのは次のような点だった。

「改正刑法は検察機能に対してある程度制限をつけるなど一般に緩和の傾向にある。またモスクワ放送が伝え、そのはねかえりで日本でも問題になったスパイ行為や治安妨害に対する最高刑が死刑、という点も、刑の適用範囲について拡大解釈のおそれを少なくしている」

そして彼は最後に「スパイ行為については、この罪で裁判したことは一度もなかったし、将来もないだろう」とつけ加えた。

要するに、改正刑法は過酷なものではなく、前より随分緩和されている、というのである。

私はこうした米側の説明の要点と合わせて、地元紙が政財界の反応など連日この問題を大々的に報じながら社説では一回も正面から取り上げて批判していない。これが沖縄において新聞が置かれた立場の困難性を物語っている——との解説を書いた。

質問に答えない米側責任者

ところで、沖縄の最高責任者である高等弁務官のブース中将やバジャー首席民政官は絶対に記者会見をしなかった。

二人ともパーティーの席上などでは、記者たちとも冗談口をたたいたり、くだけたところもみせるのだが、いざ正式の記者会見となると一切受けつけなかった。

通貨のドル切り替えなど内外の注目をひくような問題が起こっても、彼らはメッセージを読みあげるとさっさと引き揚げてしまう。言いっ放しで一切質問には応じないのだ。

当時、アイゼンハワー米大統領が毎週気軽に記者会見し、ソ連のフルシチョフ首相でさえ、ときとして記者の質問に答えているというのに、なぜこの島の首脳だけが記者会見を避けるのだろうか。基地の島という特殊な事情があるにせよ、民主主義国家アメリカの出先の長としておかしいではないか。私はこう思ったから、軍におけるメディア関係の最高責任者に、こうした点をただしてみた。彼は立場上自分の名前は絶対公にしないでほしいと前置きしながら、意外にザックバランな態度で次のように答えてくれた。

問い　沖縄はいろいろな重要問題を抱えているが、ときとしてこうした問題が誤って伝えられたり、住民の誤解を招いたりすることがある。それをなくすには高等弁務官が直接記者団と会い、アメリカ側の真意を徹底させるよう務めた方がいいと思うが、なぜそうしないのか。

答え　これは非常に言いにくいことだが、ブース弁務官はやはり軍人だ。軍人としては立派だし、民政問題にも深い関心と理解をもっているが、個人的には軍人かたぎと、生まれつきの格式ばった性格が邪魔をしている。間違いを気軽に訂正するという性格でもない。いったん信じたことはあくまで固執して、あとから訂正するのをいやがる。こうしたことがわざわいして記者会見も難しい現状だ。格式ばったブースの個人的性格にはさまってわれわれも苦しい立場にある。

問い　それだけの理由で会見が実現しないのか。

答え　それだけとは言えない。ブース弁務官も一人の官僚だ。彼に限らず官僚は記者や外国人に対しては本能的に警戒する。彼にとって沖縄をうまく治めればそれでいいのだよ。外国のこと、日本のことなどは極端に言えばどうだっていいんだ。沖縄は政治的比重が重い。沖縄には世界の目が光っている。弁務官ならずとも沖縄にくれば余計な波風をなるべく立てぬようにし、うまくやって点数をあげたいのが人情というものだ。

驚くほど素直な説明だった。軍人であり官僚でもある彼の立場で、外国の記者によくこれほどはっきりと上司を批判できるものだと、こちらが逆に心配になったほどだった。

ブース弁務官に質問状

さて、特派員ならだれでも任地のトップとの単独会見を狙う。私もブース弁務官との単独会見を目指し、伝手を頼って何度か試みた。だが、いずれも色よい返事はなかった。

そこで次の手として、質問状を出し回答をもらおうと考えた。

弁務官が必ず現れると見当をつけて、あるパーティーに、私はあらかじめ用意した質問状をもって出席した。弁務官は果たしてやってきた。周りにあまり人がいない一瞬を狙って、封筒に入れた質問書を直接手渡し、「ぜひ回答をいただきたい」とささやいた。弁務官は黙って受けとると、さっと胸の内ポケットに入れた。私は駄目もとで次のような質問を出した。

質問状

一、沖縄の施政権返還について、従来のように「極東の緊張が緩和するまで」というだけではなく、十年とか五年とか、一応のメドを示す考えはないか。
二、施政権の全面的返還は無理としても、教育、文化、経済等の面で部分的行政権返還はできないか。
三、アメリカがよくいう極東における「共産主義の脅威」およびそれに対抗する米軍の布陣について、具体的に説明してください。
四、沖縄はどのような最新兵器で防衛されているか。核武装はどの程度進んでいますか。
五、首席の公選は施政権返還の日まで実施する考えはもっておられませんか。

六、日の丸掲揚の自由を与える考えはありませんか。（以上）
だが、この質問状についても回答はついになかった。

「アイ・ライク・オキナワ」

沖縄に基地があるのではない。基地のなかに沖縄があるのだ――と言われたように、基地の規模はものすごく大きく半永久的ながっちりしたものだった。小さな飛行機なら十分発着陸できる幅広い道路が南北を貫き、そこから炎天下でも決して溶けないアスファルト道路が島内を網の目のようにめぐらされている。こうした立派な道路の先には必ず基地があった。半面、基地に関係ないところは日本本土同様ガタガタ道。こんなところに沖縄の問題点の一つがひそんでいるように思えた。

当時の沖縄は全島で八十万の人口だったが、そのほかに約十万人のアメリカ人が住んでいた。大部分は軍人とその家族で、彼らは完全な〝アメリカ租界〟をつくり、金網の中で本国そのまま、あるいはそれ以上の生活をしていた。広大な土地を占有し、その中にはゴルフコースからプール、劇場まである。規模も日本本土の米軍施設の比ではない。週刊誌タイムが、そんな彼らのぜいたくぶりを「本国ではとてもこんなまねはできない」と、空軍クラブの飲食費の安さや、そこで沖縄娘とダンスに興ずる将兵たち……といった具体例を挙げて報じた。米本国ではこの記事で、ア

沖縄のゴルフ場にて　横綱栃錦（右から２人目）と筆者（左端）

イゼンハワー大統領に、沖縄空軍司令官を召喚し事態を究明しろといった要請があったほどだ。

　確かに本国と同時封切りの映画が上映され、アイゼンハワー大統領の特別使節団と称するショー、劇団がきて出演していた。私も、ボブ・ホープのショーをみたことがある。

　ゴルフも月たった三ドルの会費でやりたい放題。ゴルフ場は連日派手なシャツを着込んだ軍人とその家族でいっぱいだった。

　遊び場だけではない。住宅地域も心地よく広々としていた。青い芝生の中に点々と散らばるピンクやクリーム色の近代住宅。ゴルフ場などで会う米兵がよく「アイ・ライク・オキナワ」といっていたが、言外に故郷ではできない快適な生活を楽しんでる実感がこもっていた。

　また、若い将校の妻たちはメイドを二人も三人もおき、本国ではとても手の出ない豪華な装身具をせっせと買いあさり、夫を送り出してからはゴルフ、水泳とたまらないほど楽しい生活に酔っていた。若い将校夫人が、あるときしみじみとこう漏らした。

「本国ではとてもこんな生活はできません。メイドを雇うなど夢のような話で、食事がすめば私が皿を洗い、夫がそれをふく、これがわれわれの普通の生活です」

このように快適な沖縄生活、そのために任期が終わっても本国へ帰りたがらない軍人が増えていた。

沖縄米軍や民政府職員には日本での任期を終えて沖縄へきた者が多かった。軍をやめると民政府にくら替えし、そのまま希望して任期を何度も更新する。だから民政府の高級幹部には十年間、ひどいのになると終戦のときから本国に帰ったことのない元将校がウヨウヨしていた。それでも帰国しなければならないことは当然のことながらある。そんなとき、彼らの多くは文字通り後ろ髪を引かれる思いで沖縄を去っていく。

あるとき私はこうした彼らの実態を書いた。それからしばらくして民政府渉外報道局の某高官が本国へ転勤することになり、送別会が開かれた。すると彼が私に日本語で「清宮さん、私も後ろ髪を引かれる思いで沖縄を去っていきます」と言うではないか。彼とは仕事柄しばしば会ったが、日本語は全く使わず「今日は」とさえ言ったことがなかった。てっきり日本語はできないものと思っていたら、最後になって流暢な日本語を使い、さらに私が書いた細かいことまで読んでいたと知って、複雑な思いにさせられた。

基地が生む住民の悲劇

だが、こうした米国租界と金網を隔てた先に過酷な運命を背負った住民がいたことも事実だ。基地ならではの事件や悲劇は連日のように起こっていた。戦争が終わってかなりの年月がたったというのに、住民の中にはスクラップあさりをする者がいた。基地内にもぐり込み、米軍が落としていく薬きょうを拾って生活している者もいた。戦争中、砲弾の下を逃げまわっていた住民たちが逆に砲弾を目指して突進するのだ。

演習中は草むらにひそんでいて、砲弾が落ちると落下点目がけて走り出し、一番早くかけつけた者が名前を書いた札を立て、所有権を宣言する。弾より早く行きすぎて爆風のため重傷を負った者もいた。なかには子供もまじっていて機銃弾を受け負傷したこともある。

また米兵が駐留していたため、当時まだアメリカ最大の悩みの一つだった人種問題がそのまま沖縄に持ち込まれていた。基地の町コザでは中心の十字路から南側が黒人街、北側が白人街とはっきり二分されて両者の争いが絶えなかった。そこではしばしば白人兵と黒人兵の血なまぐさい事件が繰り返され、はては手榴弾まで投げ合った。そのとばっちりで付近の住民たちは生きた心地もなくおびえることがよくあった。

一番神経を使ったこと

私が沖縄特派員として最も神経を使ったことの一つは、住民の心の襞《ひだ》の中に潜んでいるものを察知し理解し、それを彼らの気持ちを傷つけない方法で報道することだった。

沖縄は同じ占領でもマッカーサーに占領された日本本土とは全く違っていた。住民たちは直接戦争に巻き込まれ、何十万という多くの命を失ったその島で、そのまま占領されていたのである。しかも十数年を経てなお、この状況はいつまで続くかだれにも分からなかった。こうした不安定な環境の中で、彼らは何を考え、どの道を歩もうとしているのか。

それぞれのたどってきた過去や、現在の境遇により千差万別で、とても一つや二つの類型にくくることはできない。だが、沖縄を本当に理解するには、この複雑な心の問題に迫らねばならない。

特派員生活も一年以上たち、地元に親しく胸襟を開いて語り合える人ができたころ、私は彼らにこう質問してみた。

「沖縄は一体日本なのか、米国なのか、それとも沖縄国なのか」

するとそのうちの一人が「そのどれでもないでしょう」と答えた。そして「われわれ島民に対する最終責任は一体だれがもつのだろうか」「再び戦争のような危機に追い込まれた場合、本当に頼れるのはどこなんだ」といった不安を漏らす人が多かった。

同時に彼らは沖縄の姿が祖国日本に理解されていないという不満をよく語った。いまでは信じられないことかもしれないが、当時本土での沖縄に対する理解は「沖縄は台湾の辺だったろうか」「戦前はどうしてたんだっけね」「沖縄人というのは何人種だ」といった程度にとどまっており、住民はそのことをよく知っていた。

それを裏書きするように、南方からの帰途、沖縄に立ち寄った佐藤栄作蔵相（のち首相）が「沖縄の教育は英語でなく日本語でしたね」と語って住民たちを嘆かせたことがある。後年「沖縄が返ってこない限り日本の戦後は終わらない」との名文句をはき、沖縄の日本復帰を実現させた佐藤首相でさえ、当時はこの程度の認識だったのだ。

明治から百年近い年月を日本と同じ運命のもとに歩んできた沖縄に対する日本本土での理解度は、このように漠然としていて、しかも見当違いのものが多かった。

この責任の一端はジャーナリズムにあると思った。日本の報道機関は常駐の特派員が一人もいなかったせいでもあるが、多年にわたり基地問題や土地問題をセンセーショナルに取り上げ、読者の感情に訴える報道を繰り返してきた。そのため日本国内では憐れみもまじえた同情論が起こったが、この島の本当の姿や住民の心の襞にくい込んだ悩みには、ほとんどふれずにきてしまった。

そのころ沖縄の学童たちに日本から使い残しの短い鉛筆やボロボロになった絵本が送られていた。善意から出た行動なのだが、現地の人たちは、こうした贈り物に感謝してよいのか憤慨してよいのか、複雑な気持ちでこれを受けとっていた。実際には沖縄のどんな田舎に行っても、店頭には真新しい鉛筆や文房具、色とりどりの美しい絵本が並んでいた。

住民たちの嘆きは、こんな些細なことにはじまって、大きな政治的問題に対する憤慨へと広がりつつあった。

そのころ本土でも沖縄の日本復帰を要望する声が強まっていた。だが、安保条約改定問題が起こると、日本の世論は沖縄をしばしば〝火中の栗〟に例えた。

「沖縄は戦争の発火点であり、日本の経済負担もかさむ。沖縄を防衛地域に含めれば日本も戦争の危機にさらされることになる」といった議論が公然とかわされていた。これに対し住民側は「第二次大戦でわれわれをさんざん犠牲にしながら、いままたわれわれを犠牲にして、自分たちだけよければよいというのだろうか」と反発した。

親しくなったある有力経済人は私に、

「実をいうとわれわれは日本統治時代にも何かにつけ差別され、いろいろといやな目にあった。あなたは知らないだろうが、求人広告に〝ただし沖縄人と朝鮮人を除く〟とよく書いてあったんですよ」

と語った。そして「それでも私たちは日本時代のよかったときのことも記憶しており、祖国を懐かしむ気持ちは強い。しかしわれわれの子供たちはどうだろう。彼らは身近なアメリカに親近感をもっている者が少なくない。占領がまだまだ続くと思えば、日本の沖縄に対する態度をいまのうちに改めておかないと大変なことになる」とも言うのだった。

たしかに旅行で日本を訪れた学童が東京でアメリカ大使館に翻る星条旗をみて「あ、あんなところに沖縄の旗がある」と叫んだという話を聞いた。学童たちにとって米国がいかに近く、日本がいかに遠い存在であるかを窺うことのできる話だった。

さて、現在の沖縄が抱える最大の課題は基地問題だが、これは約四十年前も同じだった。そして基地があるためのさまざまな悩みや嘆きを突きつめていくと、当時は祖国復帰という大きな問題に突き当たった。日本復帰さえ実現したら、たとえ基地は存在しても、苦しみや悩みをかなり解決できるのではないか——多くの住民たちはこう期待し、その一日も早いことを願っていた。

ただ当時、施政権者である米国は、この島を「太平洋の要石」と呼び、米大統領はじめ高官たちも「極東に緊張の続く限り沖縄は維持する」としばしば強硬な意思表示をしていた。

こうした米側の姿勢からみて、祖国復帰はそう簡単には実現するまいと住民たちは半ばあきらめていた。私自身もそう思っていた。

さらに戦後の沖縄で事業に成功し第一級の立場を占めた人たちの中には、口にこそ出さないが、復帰によって日本本土からやって来る大資本に現在の地位や財産を脅かされることをおそれる人たちもいた。

また、通貨がドルになったため世界の通貨ドルをもった現状の方がいいと判断し、ひそかにそれを望む人たちもいた。

ただ、それはやはり一握りの人たちだった。

その日その日の生活に追われる一般住民には朝夕祖国復帰を叫び続ける暇はない。だが多くの人たちが祖国のない寂しさを共有していた。

日本政府が台風で災害を受けた沖縄に救援米を送ったことがある。その直後、台湾に近い孤島西表島を訪れた私は、そこでわずか一升の救援米に「祖国の米が二十年ぶりに（沖縄が戦場になって以来はじめて）食べられる」と涙を流した古老の話を聞いた。

正月、沖縄では年に一度、公共の建造物を除いて日の丸を掲げることが許されていた。その日は文字通り町も村も日の丸のはんらんだった。基地の街コザの横文字の看板の脇にも日の丸が翻る。それは、この島の立場と住民の気持ちを象徴しているように思われた。

（政治記者ＯＢ会報、平13・2・21）

鄧小平健在の世界的特ダネを断念

北京で天安門事件が発生して日も浅い一九八九年九月「どこでも自由にみてください。だれとでも会わせます」という中国側の招きに応じ訪中した。日本では海部内閣が誕生した直後だった。出発に先立ち、海部首相に会って、「こういうわけで訪中するが、これまでに会ったことのある中国要人はいませんか、いたら首相のメッセージをもって行きたい」と言うと、「王震副主席には過去二度会っている」とのことだった。そこで中国側に王震副主席との会談を申し入れたら、希望した東北地方（旧満州）の視察旅行から戻った九月十二日の午後四時から北京市人民大会堂のだだっ広い部屋で、発足したばかりの江沢民政権を背後で操縦している実力者といわれていた同副主席と約一時間十五分にわたり二人だけで会談することができた。

席上、海部首相が過去二回会見した経緯と思い出、今回首相になったのでよろしく……といった伝言を伝え、さらに「天安門事件があったが、中国が開放政策を進める限り、日本としてもこれに協力していく。日中両国は基本的に仲良くしていかなければならない」との首相の意向を説明した。以下、要旨次のような一問一答をかわした。

王震　一、海部首相の友好的メッセージありがとう。江沢民、李鵬の二人のリーダーにこのことを伝える。

中国では確かにいろんなことが起こった。暴乱があった。しかし、これはあくまで内政問題だ。外国はいろんな制裁措置をとり、反中国の世論が起こっている。だが暴乱参加者は共産主義、社会主義社会を打倒しようとしたのである。私たちはこれを断固鎮圧しなければならない。

二、暴乱が起こると西側の人たちは一時帰国したが、この面で日本は素晴らしかった。帰国した人はほんの少ししかいなかった。党と国家の指導者は海部首相の政治的遠見に対して好感を表明し、友好的意向を非常に嬉しく思っている。

三、現在、私たちが実行している開放政策は断固続ける。中国は日本からの投資を歓迎し、合併企業を歓迎する。

中国は日本の資金と科学技術を必要としている。一方、日本は中国の資源が必要だ。中国には資源があるから投資に対し返済能力をもっている。石油は二百億トン以上の埋蔵量があるが、開発資金と技術が足りない。石炭、水利資源も五％しか開発してない。エネルギー産業は大いに発展させたいと考えている。鉄鋼も不足している。しかし外貨がないので買えない。借款が欲しい。

王震副主席（中央）と筆者（左）

そうすれば鉄鋼の輸入を再開できる。あなたは日本の政財界に友人が大勢いるようだから、そういう人たちにわれわれの意向をぜひ伝えてほしい。

四、日中両国には数千年に及ぶ友好期間がある。不愉快な時代も数十年あったが、それは全体からみれば短い期間だ、今後長く友好的につきあえると確信している。

清宮　今回、中国の地方もみて食糧が予想以上に豊富で、経済的にはかなり上向きになっているように感じた。この調子だと今後十～十五年ぐらいのうちに中国は中進国へ移行する足掛かりをつかめるかもしれない。十数億人の国民をもつ国家がそこまで経済的に力をつけると、現在日本が直面している米国との経済摩擦に似た状態が日中間に生じ、両国が厳しく対立することも予想しなければならない。

日中間には現在大きな障害になるような問題はあまりない。この時期をとらえ、将来のために相互の信頼関係を深めるべきだろう。その意味でも、両国でそれぞれ新しい指導者が誕生したいま、首脳同士の接触を早急に実現し、相互の信頼関係を強固なものにする必要がある。

王震　その意見に全く同調する。私は江沢民総書記と李鵬首相に早期訪日を促す。先生も帰国したら海部首相に、われわれができるだけ早く訪中することを希望していると伝えてほしい。

清宮　ただ、次の首脳会談は日本が借款を借与するなど一方的なものでなく、双方にプラスになる何か新しいテーマをみつける必要があると思う。

王震　中国側もその点を研究してみたい。

清宮　ところで鄧小平さんはしばらく姿をみせていないが、どうしておられるのでしょうか。西側では前立腺ガン説などいろいろ流れているが。

王震　（笑いながら）私は北戴河（渤海湾に臨む首脳たちの保養地）から北京に戻って十数日にしかならないが、向こうでは鄧小平とよく水泳をした。彼は私よりずっと長い時間泳いでいた。

（鄧小平の健在がはっきりしたのは世界的特ダネだった。しかし会談後、中国側からすべてオフレコにしてほしいとの申し出があり断念せざるを得なかった。そして数日後、鄧小平は米国人と会談、テレビがその模様を伝えて健在ぶりが明らかになった）

王震　あなたに一つ情報を差しあげましょう。中国の新しい指導者江沢民は英語もできるし、日本語も少しできる。彼は経験豊かで能力もある政治家だ。
また、李鵬は昔、われわれが延安にいたときまだ子供だった。しかしその後、ソ連に留学し、指導力のある人物だ。暴乱のときは自由化に断固反対した。

清宮 では、私の方からもいまのお話に関連した日本の情報を一つ提供しましょう。日本では江沢民は、大阪市長がいきなり首相になったようなもので（総書記になる前は上海市長）指導力に疑問がある。結局、背後にいるあなた方革命の長老たちが実権をにぎって国を動かしているとみられている。

王震 （大笑いしながら）いまの話には一つだけ間違いないことがある。それは、われわれがこぞって彼らを全面的に支持しているということだ。

言論人と政治家

命がけの社説

「七十八歳の老首相を捉え、むざむざと虐殺を敢てせる行為実に憎むべきであると同時に、飽くまでも堂々として、大政治家としての態度を失せず、死に至るまで、大いに邦家の為め戦いて戦いぬける老首相の最後ほど尊敬すべく、又同情に値するものはない」

これは昭和七年五月十五日、犬養毅首相が首相官邸に乱入した若手将校たちの暴挙によって一命を失ったとき、福岡日日新聞社の主筆菊竹六鼓が、翌十六日の夕刊に「首相凶手に斃《たお》る」と題して掲げた社説の一部である。

当時もいまも、新聞が夕刊に社説を発表することはまずない。したがって、このとき福日がとった措置は全く異例のものであり、それだけ、この事件に取り組む同社の真剣な姿勢を内外に示したものであった。

菊竹はまた同じ社説の中で、「如何に現代政治の腐敗を痛論するものといえども、犬養首相の清節を疑ったものは一人もいない。また如何に他人を誹謗するを以て能事とする人々も、犬養首相の識見と力倆と時局匡救《きょうきゅう》の誠意を疑ったものはない」と犬養首相を高く評価し、「若し当代政治家中識見高邁、時局の艱難を担当する実力あるの士を求めば、恐らく首相の右に出づるものはなかったであらう」とその死を悼む一方、凶行におよんだ軍人たちを「不逞なる一団」と断定し、「彼らは真に政治の改革を望むものにあらずして、自家の政治的野心を遂げんが為めにする一妄動であると断ずるのほかない」と決めつけている。

今日からみれば言論機関として当然書くべきことを書いたにすぎないということになろうが、当時軍部を相手にこれだけのことをいうには大変な勇気を必要とした。執筆者は命がけでなければ書けなかったし、新聞社をつぶすだけの覚悟も必要だった。

現に他の新聞は、このとき首相が官邸で虐殺されるという衝撃的事件が起こったにも拘わらず、ほとんど明確な態度を打ち出すことができなかった。

例えば朝日新聞は十七日の社説でこの事件を取り上げ軍部を糾弾しているが、同時にその原因を政党の腐敗に求めており、それだけ軍への矛先がにぶっている。

そうしたなかで、菊竹の福日のみが地方から次々と正論を吐き続けた。彼は翌十七日再び筆をとり「敢えて国民の覚悟を促す」と題して「(軍人たちの行為は)暗殺というよりも一種の虐殺であり、虐殺というよりも革命の予備運動だ」と喝破した。

このため福日は軍部からさまざまな圧力を受けるが、菊竹は屈しなかった。

そして、菊竹は十九日付の社説では「騒擾事件と世論」と題し、言論界にも次のように反省を求めている。

「今回の事件に対する東京、大阪の諸新聞の論調を一見して、何人も直ちに観取するところは、その多くが何ものかに対し恐怖し、畏縮して率直明白に自家の所信を発表し得ざるかの態度である。もし新聞紙にありて論評の使命ありとせば、斯の如き場合に於てこそ、充分に懐抱を披瀝して、所謂文章報国の大任務を全うすべきである」

たしかに当時、新聞界は軍部をおそれ言論機関としての本来の使命を半ば放棄した形だった。それだけに当時、福日の孤軍奮闘ぶりが目立った。当然のごとく軍部は、この福日の報道姿勢にいきりたった。

地元久留米師団の将校の中には「いま軍部を攻撃する輩をピストルで撃ち殺して自分が死ぬとも敢えて心残りはない」と公然ふれまわる者が現れた。

また菊竹の自宅や福日本社にはひっきりなしに脅迫電話がかかり、福日の発行停止処分をにおわす威嚇も行われた。

そのうち福日本社の上空に軽爆撃機の編隊が飛来し、急降下を繰り返しながら電話で「謝罪しなければ本当に爆弾を投下するぞ」と脅かした。

菊竹と犬養に学ぶ

こうした重圧の下で、社内にも「このままでは社がつぶれてしまう」と弱気の意見を吐く者が出てきたが、菊竹は「社がつぶれるかどうかの問題ではない。国がつぶれるかどうかの問題なのだ」と一歩も退かなかった。

彼は「何人といえども今日の議会、今日の選挙、今日の政治に満足するものはない。そこに多くの腐敗があり、不備不足があることは事実である。だが此等の過誤欠陥を補正しつつ立憲代議政体の大道を静かに進むまでである」（社説「敢えて国民の覚悟を促す」より）と政治の腐敗を肯定しながらも、なお暴力とファッショを警《いまし》め、あくまで憲政の発達をはかるべきだと説いた。

このように菊竹は烈々たる気迫と高邁な識見をもった当代まれにみる言論人だった。そしてこの勇気ある言論人は冒頭のように、政治家犬養の清節と識見と誠意に惜しみない讃辞を贈った。

今日、言論機関がおしなべて偏向、反体制に走る傾向のなかで、片や、権力に阿諛《あゆ》迎合する記者、学者の類も結構ふえつつある。

田中角栄は、こうした幇間《ほうかん》的記者によって「今太閤」と持ちあげられたが、やがてロッキード事件が明るみに出ると、今度は彼らから袋叩きの目にあった。

信条も定見もなく、その場限りでどちらにも平気でゆれ動く、現在の言論界の姿がここにはっきりと表れている。

〝木鐸〟としての使命感に燃えた勇気ある言論人菊竹、その厳しい論評にこたえるだけの人格、識見をそなえた犬養、言論界と政界は、いまこの二人の関係から改めて学ぶべきことが非常に多い。

（じゅん刊世界と日本、昭62・8・15）

無視された真実

マスコミの偏向報道

マスコミは現実を故意にねじ曲げて報道したり、場合によっては無視することによって、国民に誤った先入観を植えつけることがしばしばある。

また、その結果、一般大衆に真実が伝わらず、世論形成に悪影響が及ぶ例も少なくない。

湾岸戦争の後始末で機雷処理のためペルシャ湾へ派遣された掃海部隊をめぐる報道なども、マスコミのこうした意図的姿勢が顕著で、出発前から〝反対〟〝批判〟の立場に立った紙面づくりが目立った。

そして連日の炎天下、百八十日の長期間にわたり危険な任務を立派に果たし、国際的にも非常に高い評価を得た部隊が無事帰国したとき、朝日新聞はなお「憲法と自衛隊との関係についての国民感情には、なお屈折したものがある」（社説）と、冷たい視線を浴びせている。

掃海部隊を熱狂的に歓迎

だが、部隊が呉、横須賀に入港した際、地元住民がみせた歓迎ぶりは、多くの新聞・テレビが無視、あるいは、ある種の意図をもって、ことさら断片的に報じた状況をはるかに上回る熱狂的なものだった。

一方、クウェートなど湾岸地域にいた日本人が掃海部隊を迎えた喜びようは、さらに大変なものだったらしい。

日章旗を掲げた掃海艇が、現地の人たちの目の前で立派に国際的役割を果たしてみせたのだから、当然だろう。

また、新聞・テレビはほとんど伝えなかったが、掃海部隊が帰途立ち寄った各地での歓迎も非常なものだったらしい。

例えばオマーンでは、ミナ・カブース港への寄港に際して、現地紙が落合指揮官と母艦、掃海艇の写真入りで部隊の動静を詳細に報じているし、一方、在留日本人たちも大使公邸で野外パーティーを催し、くつろいだ雰囲気のなかで隊員たちの苦労話を聞くなど、心からその苦労をねぎらったという。翌日は大勢の人たちが母艦を訪れて掃海作業についての説明を受け、さらにビデオでその実情をみて、認識を深めるということもあったようだ。

この見学会には、現地日本人学校の児童たちも参加した。子供たちにとっては〝祖国日本〟を実感する、いまの日本では味わえない貴重な体験だったに違いない。

実は、この事実を筆者は某商社の社内報で知った。新聞を読み、テレビをみていたのでは分からない〝隠れた真実〟が他にもいっぱいある、ということである。

（じゅん刊世界と日本、平4・4・5）

下衆《げす》の勘ぐり――稲盛さんと京都賞

京都賞の真意

「先輩の経営者の中には、若い時は〝子供に企業を継がせようとは思わない〟とか、〝儲けたお金は社会に還元する〟などと立派なことをおっしゃっていながら、年をとると前言を翻して遮二無二息子を後継者にしようとしたり、どうしたら私財を残せるかといったことばかり考えるようになる人がいる。そういう先輩たちの例をみて、私も年をとったら心境が変わるかもしれないから、いまのうちに儲けたお金を社会に還元しておきたいと思って京都賞をつくった」

京セラの稲盛和夫社長は、先ごろ、自分の企業の京セラ株百六十万株など私財二百億円を投じて稲盛財団を設立し、学問貢献への顕彰賞〝京都賞〟をつくった。

この財団は、毎年、先端技術、基礎科学、精神科学・表現芸術の三部門に大きく貢献した個人またはグループにそれぞれ四千五百万円と賞牌を贈ることを定め、第一回の今年はフランスの作曲家メシアン氏など三人のほか、特別賞としてノーベル財団も表彰した。

稲盛和夫氏(右)と

ところが稲盛氏はこの授賞式をはさんで各方面から「これは何か魂胆があるに違いない」「税金対策だろう」……といった憶測や批判をさんざん浴びせられることになる。

「財団を設立して賞をつくるなどというのは功なり名遂げた人間のやること。まあ、本人が死んだあとで皆が考えてつくればいいのに、あの若さ（稲盛氏は当時五十二歳）でこんなことをするのはとんでもない思いあがりだ……」と陰口をたたく長老経済人もいた。

冒頭に挙げた言葉は、そんな中傷非難にさらされた稲盛氏が、あるとき京都賞をつくった〝真意〟を筆者にうちあけた際のものである。

稲盛氏は、またそのとき、

「税金対策などというが、日本では個人で出した基金は免税にはならない。大勢の人が基金を出した場合は免税になる。しかし、それでは人様に迷惑をかけることになるから私が全部出したのだけど、そんなことも全然理解してもらえず、逆に妙な勘ぐりばかりされちゃって……」

と情けなさそうに語り、さらに、

「新聞はなぜ社会のゆがんだ面ばかりとらえて報道しようとするのだろうか。われわれのまわりを見ても善い話、美しい話題はいくらでもある。どうしてそれを素直に受けとめて記事にしないのだろうか。そんな新聞が一つや二つあってもいいと思うんだがな……」と付け加えた。

嘆かわしいマスコミの風潮

最近の日本は、社会的風潮として物事を正面から見据えようとせず、いつもひねくって見、何事によらず暗い方へ、悪い方へと解釈するのが一種の流行になっている。

その底流をなすのはいうまでもなくマスコミの論調である。

現に稲盛氏の場合も週刊誌等が、さきに挙げたような批判中傷の数々を紹介したあと、〝電話機が電波法違反だと国会で追及されるなど不祥事続きの社長の晴れ舞台〟〝薬事法違反などの名誉回復を狙った宣伝〟等々、尻尾をつかまれないように、陰口やヒソヒソ話といった巧妙な表現を交えながらチクリチクリと皮肉たっぷりに書きたてていた。

こういう手法は最新の雑誌ジャーナリズムに目立つ特徴の一つである。

そして、嘆かわしいことに事実を歪めて書きたてて特定な人物の揚げ足をとり、人格を傷つけ、陥れるこんな卑劣な手法が、結構近ごろの読者には受けているらしい。

もっとも、見方によっては、これなどまだいい方かもしれない。

テレビ、新聞、雑誌の中には、正義漢面をして世の中の腐敗、堕落をあばくというもっともらしい命題のもとに、実は大衆ののぞき趣味に迎合、便乗した劣悪番組や記事が驚くほどたくさんある。

こうした悪質ジャーナリズムの行きつく先は、残酷、スキャンダル、ポルノである。

いまはテレビも新聞も程度の差こそあれ、この残酷、スキャンダル、ポルノを追うことで視聴率や発行部数を競っているといっても過言ではない。

また、そのためには、もはや人権などかまってはおれないという姿勢である。

ひとたび彼らに狙いをつけられたら当人が迷惑しようが、どうなろうが知ったことではない。文字通りプライバシーに土足で踏み込むようなことも平気で、ただ面白ければいい、話題になればいい、売れればいいというやり方なのである。

故秦野章元法相は、かつて政治の腐敗と堕落を批判する声に対して「政治は国民のレベル以上でも以下でもない。政治をただ批判するだけでなく、その前に国民も自ら反省すべきだ」という名文句を吐いた。

この伝でいけば、マスコミの現状も、現在の社会を映し出す鏡のようなもので、われわれ国民の一人一人が反省すべき点の多いこともたしかである。

だが、売らんかなの商業主義から、ますます低俗化、俗悪化しようとするジャーナリズムを、このまま放置しておいてよいものであろうか。

このような荒廃した精神環境の中で育つ世代によって形成される将来の日本を考えるとき、早く手を打たねばとある種の焦りを覚えるのは筆者だけではあるまい。

マスコミは不正をただし、疑問を解くために勇気をもたねばならないが、その半面、社会の動きや人々の言動をもっと素直にみつめる必要がある。

保守は悪、大企業は悪……と善玉、悪玉を初めから決めてかかる体質、一人驕り高ぶり血も涙もない精神構造、こうしたものを改めない限り、マスコミに対する国民の信頼感は低下する一方だし、それは民主主義の危機につながることにもなる。

（じゅん刊世界と日本、昭61・1・5）

言論には言論で立ち向かう

明治維新から今日までの百二十余年、日本が近代化を急ぐ過程で、マスメディアが、そのときどきの国論形成に及ぼした影響は、きわめて大きい。

例えば、この間に起こった第二次世界大戦はわれわれ日本人にとってもっとも不幸な出来事であったが、アメリカ相手の戦争は絶対避けるべきだと考えた具眼の士は、当時の日本の各界に結構いた。にもかかわらず、なぜあの戦争を避けることができなかったのか。

マスメディアが軍に迎合し、その支配下に入って国民世論を戦争にかりたてたことが大きく影響している。その結果、日本はついに亡国の一歩手前まで行ってしまった。

これはマスメディアが中道から大きく右へ踏みはずし、暴走したためである。

しかし、百二十年の歴史をふりかえると、逆に振り子が左へ振れ、健全な国論がゆがめられて国の発展にブレーキをかけた例の方が多い。日本のマスメディアにはどうしてこうした反体制的傾向が強いのか。

第二十九代首相、犬養毅（木堂）が面白い分析をしている。

犬養木堂は昭和七年五月十五日、首相官邸で青年将校の襲撃を受け「話せば分かる」の有名な言葉を残して劇的最期を遂げた。

明治十八年に初代伊藤内閣が誕生してから終戦までの約六十年間に、テロで倒れた首相またはその経験者は実に六名を数える。だが官邸で息を引き取ったのは犬養だけである。

木堂は優れた政治家であり、同時に傑出した言論人でもあった。

彼は若いころ、新聞記者として西南戦争に従軍し、当時の報知新聞に華麗な戦記を連載して一躍天下に筆名を轟かした。さらに明治十三年には東海経済新報の創刊に参加、主幹として編集を担当している。

このように木堂は一流の言論人でもあったから、彼のマスメディアをみる目は鋭かった。木堂が言論人から政治家へと波乱の生涯を歩み続けた明治、大正、昭和初期の三代を通じ、新聞と言論人にほぼ共通してみられるのは野党精神であり、反体制的体質である。

こうした傾向は、冒頭述べた太平洋戦争の開戦前夜からやがて終戦に至るまでの一時期を除き、ほとんど変わっていない。とくに戦後は、マスメディアの反体制的傾向が一段と強まり、これがどれほど国家社会発展の障害になったか分からない。

それにしても、日本の言論界がこのように反体制的体質を強くもっているのはなぜだろうか。

木堂の分析はこうである。

「(明治初期の) 新聞記者は、多く徳川幕府の残党で、薩長の勢力に圧倒され、政治上の実権と利禄を併せて奪われたいわば浪人連中であった。だから新聞の論調は、いつも明治政府反対で、かれらは薩長に対する余憤を、この貧弱な新聞紙上に吐いて、わずかにその意を述べていたものである。新聞ばかりでなく当時の学校も多くはこれらの不平党が経営していた。……新聞は、いまでも薩長といえば親の仇とでも思っているらしいが、その時分は、なかなか今くらいの話でなく、新聞紙は薩長反抗の声で充満していた。そこに例の征韓論破裂の結果、土肥(土佐と肥前)の人は多く政府から追い出されて民間に下ったから政府はますます薩長で固まり、民間にはまた政党組織の萌芽が現れてきて、新聞の薩長攻撃はますます激しくなった……」

木堂はさすがに言論界の実態をよく知り、その体質のよってきたる根源を的確にとらえている。もっとも、権力に盲従せず、毅然として正論を吐く野党精神は、言論人には時によって必要である。

ただ、それが行き過ぎて偏見となり、さらにイデオロギーに染まって偏向報道がまかり通るということになると、国論を誤り国運を傾けること必定だ。

現に政治報道はおしなべて野党寄り、外電の記事は何かといえば反米的傾向が強く、一方、共産圏、とくに北京には好意的、また労使対立や環境問題では常に組合や住民パワーに味方するのが戦後マスメディアの特徴である。

しかも過度のセンセーショナリズムでこうした偏向報道を増幅するのだからたまったものではない。ではどうするか。民主主義社会では言論の統制など思いも及ばないのだから結局、言論には言論で立ち向かう以外にない。

（じゅん刊世界と日本、昭61・9・15）

横並びの体質――悪いことはすべて森首相のせい

最近の新聞、テレビは、何か悪いことがあると、すべて森首相のせいにしてしまう。典型的例は株価の下落に関する論調。こんなに値下がりするのも森首相が早く辞めないからだ――というのだ。そして〝森首相が辞めれば株は上昇に転じる。株価の特効薬は森辞任だ〟と一斉に報じてきた。

恐ろしいのは、それを各紙、各局が横並びではやしたてることだ。こうして世論は急激に同じ方向へ流されていく。マスコミの危険な体質は少しも変わっていないことが分かる。

そのうちアメリカの株価が下がり始めた。すると原因は、やはり日本の景気低迷、株価下落にあるとの解説が横行し、その責任も森首相にあると大まじめに報じていた。アメリカの景気後退はアメリカ自身の中に問題点があることははっきりしている。われわれは日本のバブルが崩壊したとき、アメリカのせいになどしなかった。新聞、テレビは、そうした点は明確に指摘すべきであろう。

森喜朗氏(左)と

ところがマスコミは、こういう事態を招いたのも首相が居座っているからだと、あくまで森首相を諸悪の根源にしようとしている。時として一国の運命を決することもある世論の動向が、日本では、こんなメディアによって左右されているのかと思うと、暗たんたる気持ちになってくる。

(週刊世界と日本、平13・4・9)

無責任な論評――浜口ライオン宰相

無責任な言論が、いかに国民を惑わし、社会を毒しているか――われわれが今日いやというほど体験しているこうしたマスメディアの実態は、戦前戦後を通じあまり変わっていないようだ。昭和の初期、「政治は最高の道徳」を信条に政権を担当した浜口雄幸は、暴徒の凶弾が原因で死去にいたる晩年、感興湧くがままに綴った『随感録』のなかで、「かたはら痛きもの二幅対」と題し次のように述べている。

「近頃の人物評なるもの評者が被評者と親密な交際のある間柄でないのみならず、甚しきに至っては一面識もないにも拘らずその人物を評し性格を論じ徳操を上下することを平気でやって時好に投ぜんとする。全く無根、事実相違の訛伝《かでん》流説を材料として其人物全体を批評し去る。無責任の至りと申すべきである」

「人物評にも増して有害無益なる今日の流行は半可通の経済財政論。これは広く世人を誤り、国家に甚大なる害毒を流すもので、かたはら痛いなどと手軽に片付けて居られるべき事柄ではない。仮にもこれによって売名の具となし、或は自己、又は他の私利私欲を図る者の道具に使わるるが如きことあるなら、その罪実に許し難し」

マスメディアが第一の権力といわれるほど大きな力をもつ今日、無責任な評論が及ぼす弊害は昔日の比ではない。

（週刊世界と日本、平5・6・14）

ＮＨＫ女性アナの非礼

若い知人の結婚披露宴に出席した。新婦がＮＨＫのアナウンサーだった縁で何人かの女性アナウンサーが招かれていた。司会者が、朝のニュースを担当しているという女性に仲間を代表し祝辞をと指名した。

彼女は立ちあがると、いきなり招待客の一人、横綱曙関に向かって「お嫁さんは決まりましたか。決まっていたら教えてください。ＮＨＫの特ダネになりますから」と切り出した。モジモジしている曙関をみて司会者が話題をそらそうとするが、彼女は「ＮＨＫに特ダネを」と執拗にくいさがる。

披露宴によんでくれた友人の花嫁に「おめでとう」も言わず、取材と称してやっている言動がどんなに非礼で常識はずれか、彼女は気付いてないようだ。女性アナということでチヤホヤされているうちに、最低限の礼儀もわきまえぬ人間になってしまったのだろう。

ペルーを訪れた日本のテレビ取材団の女性リポーターが市内を視察中のフジモリ大統領に「大

統領夫人に立候補します」と書いた大きなカードを胸にウエディングドレスをもって近づく事件があり、ペルー各紙が「大統領に失礼ではないか」と大きく報じたそうだ。

女性がいろいろな分野で活躍するようになった。しかし、チヤホヤされて舞い上がり、ひんしゅくをかう女性も増えている。とくにテレビ界で……。

（週刊世界と日本、平7・10・9）

イチローの新聞批判

米大リーグのリーディングヒッターになったイチロー選手からかつて意外なことをきいた。「新聞は基本的に読まない。比較的読むのは一般紙で、とくにスポーツ紙を読まない」と。

野球に全力投入しているプロの選手だから政治、経済など堅苦しい記事が主体の一般紙はどうも……というのなら分からぬでもない。運動選手にはこうした人が多い。しかし、自分の活躍ぶりを盛りだくさんに掲載しているスポーツ紙は読みたくなるのが人情だろうに、変わった若者だなと興味をもった。

彼はその理由を「言いにくいことだが、スポーツ紙は言ってないことを（言ったかのごとく）書いてある。そうだと気分が悪くなるから読みません」とはっきり語った。これは日本記者クラブで同選手と懇談した席上での発言である。多くのマスコミ人を前に堂々と新聞を批判した二十一歳の若者の勇気に感心した。

そういえば、村山首相からもつい先日「新聞はどうして言いもしないことを書くんですかね」

と記者不信の弁をきいたことがある。ただ、政治家も経済人も表立って「新聞はうそを書く」とはなかなか言わない。マスコミを敵にまわしたくないからだ。しかし倫理なきマスコミへの不信感は各界を通じ確実に広がっている。

（週刊世界と日本、平6・12・5）

新聞の責任

日本が破滅への道をたどりはじめた昭和十年代の前半、国運の分かれ目となる重要な政治の局面で、もっとも責任ある立場にいたのは近衛文麿、東条英機の両首相である。

近衛は昭和十二年七月の日中戦争ぼっ発にはじまり、「国民政府を相手とせず」の政府声明、日独伊三国同盟締結、政党解体につながる大政翼賛会発足時の首相であった。また、東条は昭和十六年十二月八日、首相として日米開戦の引き金を引いた人物である。

この二人の首相が敷いた路線の延長線上で、日本は独伊を除くほとんど全世界の国々を相手に第二次大戦を戦い、ついに亡国の一歩手前までいった。

この間、二百万を超える将兵が戦場に倒れる一方、国内でも東京、大阪はじめ都市の大半が焼土と化し、国民は多くの人命と財産を失った。

このように勝つ見込みのない無謀な戦争を起こし、国家に悲惨な運命をもたらした近衛、東条両首相の罪は重い。同時に、こうした時代の流れの中で軍部とこれに同調する一部官僚の暴走を許した政治家たちも、その責任を問われなければならない。

しかし、さらに厳しく裁かれるべきは軍部の言うなりに踊っただけでなく、むしろ率先してお先棒をかつぎ、戦争へ戦争へと世論を煽った言論機関であろう。

言論人の中には信濃毎日新聞にたてこもった桐生悠々、福岡日日新聞の主筆菊竹六鼓のように、命がけで正論を吐き、軍部の暴走を戒めた者もいた。

昭和八年八月十九日、信濃毎日新聞に「関東防空大演習を嗤《わら》う」と題する有名な一文を発表、軍部を痛烈に批判した悠々は、日本の言論界が反米色をとみに強めつつあった日米開戦の年の昭和十六年一月、自ら細々と発行を続けていたパンフレット「他山の石」の中で大新聞の姿勢を戒め次のように述べている。

「わが新聞がアメリカに対し、ルーズベルト大統領の三選に対し、今日の如き悪罵を敢えてしている以上、アメリカの感情悪化は（駐米）野村大使が、いかに好意をもって彼らに接しようとも、この感情を翻えすことは至難でなければ不可能でもあるだろう……。アメリカに対し聞くに堪えざる悪罵を逞《たくまし》うしてもこれを顧みず、むしろ痛快としているように思われる。野村大使がいかにルーズベルト大統領を知り、アメリカ人に対していかに好意を示しても、わが新聞がかくしてアメリカ人の感情を悪化しては、大使の臣道実践はおそらく不可能となるだろう」

また、戦後政界入りして首相になった石橋湛山も当時は言論人として東洋経済に拠り軍部批判の論陣を張る一方、言論界への警鐘を鳴らし続けていた。

湛山は昭和十四年九月、反英運動に対して、「全国を風靡した反英運動にはひんしゅくした、英国の政策が不都合だと攻撃するのに反対なわけではない。政策の範囲を越え英国の国柄、英国民の品性、英国の歴史にまで政撃を及ぼすことは、いかに敵だからとて礼に反し、かつ余りに近視眼的であるからだ」と述べている。また、さかのぼって昭和十一年、二・二六事件直後には社説で次のように書いている。

「遺憾なのは言論機関の態度である。彼らは口を開けば言論の不自由をいう。なるほど現代日本において言論の自由のないことは同じく筆の職に従う記者が何人よりもこれを心得ている。しかしながら世には現在の言論の許されている程度において言論機関が報道し批判し得ることが山ほどある。強力なるものの前には筆を投げながら弱いものに対しては、あくまで追及するのは言論不自由とは関係ない。又、一方的報道をなして性急な暴力主義に拍車をかくるのは言論不自由からではないのである」

このように見識と勇気をもった言論人もたしかにいた。しかし、それは寥々たるものであった。そのころ、中央の大新聞は逆に筆をそろえて米国との妥協を軟弱と非難し、「米英撃つべし」と世論を煽った。例えば昭和十六年十一月三日の朝日新聞は「見よ米反日の数々、帝国に確信あり、今ぞ一億国民団結せよ」との見出しを掲げ、「日米関係は事実上断絶状態に入っている」と断じている。

まさに「一犬影に吠ゆれば百犬声に吠え、一人虚を伝えれば万人実を伝う」で、大新聞はことごとく軍部への奉仕者となりさがったのである。

こうして日本中が新聞、ラジオの煽動により、一種のヒステリー状態になって米英撃滅に走り出してしまった。これこそが、国民に多大の犠牲を強い、敗戦に至らしめる遠因といっていい。

戦前、朝日新聞の編集局長、主筆を務めた緒方竹虎（戦後吉田内閣の官房長官）は戦後、当時を振り返って、「筆者は今日でも日本の大新聞が満州事変直後からでも筆を揃えて軍の無軌道を警《いまし》め、その横暴と戦っていたら太平洋戦争は、あるいは防ぎ得たのではないかと考える。それができなかったについては、自らをこそ鞭《むちう》つべく、固《もと》より人を責むべきではないが、当時の新聞界に実在した短見的事情が機宜に〝筆を揃える〟ことをさせず、徒《いたず》らに軍ファッショに言論統制を思わしめる誘惑と間隙を与え、次つぎに先手を打たれたことも今日訴えどころのない筆者の憾《うら》みである」と、反省の言葉を残している。

当時の新聞は自らの絶叫に陶酔して言論人としての立場を見失い、真実をねじ曲げて意図的報道を繰り返した。そして今日もマスコミのこの体質は残念ながら変わっていない。

（じゅん刊世界と日本、平7・10・1）

随感集

作曲家吉田正さんの遺言

「最近の日本人は目が死んでいる」

「異国の丘」「有楽町で逢いましょう」など数々の名曲を残し、先日七十七歳で亡くなった作曲家の吉田正さんは、最後に会ったとき真剣な表情で私にこう言った。

そして「日本人としての教育をきちんと受け、日本のよさを本当に知っているのは、せいぜい五十五歳から六十五歳ぐらいまでの世代だろう。この世代が生きているうちに、われわれが何とかしないと日本はどうなってしまうか分からない」と、吉田さんは思いつめたように語った。

吉田さんとは四十年近い長年月にわたって親しいつきあいをさせてもらった。多いときは月に二度、三度と会ってよく酒を飲んだし、一緒に海外旅行も何度かした。楽しい思い出がたくさんある。

ただ、ここ一年ばかりは吉田さんが体調をくずしていたため会う機会がないまま訃報をきくことになった。

昨年十月十七日、吉田さんは作曲家生活五十周年を記念し、個人で盛大な招宴を催した。私も半年以上前から〝出席してくれよ〟と言われていたが、折悪しくその日が私の入院手術日と重なり出席できなかった。当日、吉田さんは体調があまりよくなかったようだ。あいさつもいろんな人への感謝の言葉が中心で、何となく皆にお別れを言っているようだったと出席した人からきいた。

そして今年三月、毎年恒例になっている数人の親しい者の集まりに吉田さんは初めて欠席した。一年前のこの会に、吉田さんは足のぐあいが悪いと言いながら出席し酒も飲んでいた。

冒頭の言葉は、そのとき私がきいたものである。

吉田さんは折目正しい人だった。礼儀を重んじ、いいかげんなことの嫌いな人だった。

昭和三十年代の半ば過ぎから、仲間の自宅でもらい物のウイスキーやブランデーを持ち寄り、まわり持ちで会合を開いていたことがある。

吉田さんの家が会場になるときは松尾和子、榎本美佐江……といった当時の有名女性歌手が接待役を務めてくれ皆を喜ばせた。ただ、彼女たちは「一緒に座って飲みましょう」と誘っても、「今日は皆さんのサービスにきているのですから……」と、絶対同席しようとしなかった。

吉田さんは厳しい人だなあーと思ったものだ。

そういえば吉田さんは、「礼儀を知り人間的にきちんとしているのは吉永小百合君ぐらいまで……だからあとは弟子はとらない」と言っていた。

十代の橋幸夫が初めて先輩につれられて吉田邸にあいさつに行ったとき、靴を先輩の分も一緒にきちんとそろえて家にあがった。吉田さんはそれをみていて弟子にしてくれたようだ、と橋幸夫が語っていた。

有名な吉田学校は、こういう弟子たちの集まりだった。

吉田さんの死をきいて真っ先に私の頭に浮かんだのは、「日本人の目が死んでいる」そして「五十五歳から六十五歳の世代が生きているうちに何とかしなければ……」という冒頭の言葉である。私には、これが吉田さんの遺言のように思えてならない。

（週刊世界と日本、平10・7・27）

尊敬される国家への道――東郷元帥と津田梅子女史

今日、日本は世界でもっとも豊かな国の一つとなった。この豊かさを背景に、東洋から唯一サミットの参加国となり、国際政治、とくに国際経済に大きな影響力をもつにいたった。だが、日本も日本人も、こうした国力の割には世界の国々から尊敬されていない。それは、かつてわが国で美徳とされた勤勉、伝統に対する誇り、愛国心……といったものが失われ、国全体の品格がなくなったせいであろう。

内に威厳を秘めた東郷元帥

振り返って明治の昔、日本は日清、日露の両戦役に勝利し、ようやく世界から存在を認められるようになったが、国も国民もまだ貧しく、一流先進国というには程遠かった。各国の日本に対する認識度は低く、イメージ的にも〝東洋の未開国〟の域から抜け出せないでいた。

ただ、欧米先進国の心ある人びと、とくに直接日本人と接した教養人や指導層の人たちの間から、第一級の人物として尊敬されたものも結構いたのである。

そして、こうした人たちを通じ、日本と日本人が高い評価を受け、尊敬されるという一面もあった。残念なことに、今日の日本人にこのような人物は見当たらない。

例えば、戦後の日本人が自らの歴史のなかから存在を抹殺しようとした東郷元帥は、その典型的人物といえる。

日露戦争で日本海海戦に完勝した東郷元帥は、後年、欧米各国を歴訪したが、いたるところで熱狂的歓迎を受けた。強大なバルチック艦隊を破り、ネルソンに匹敵する大提督と令名高かったのだから、当然といってよいかもしれない。

ただ元帥は同時に、多くの人びとから深い尊敬の念を込めて迎えられた。赫々たる戦歴をもつ提督が意外なほど寡黙、謙虚で、しかも内に威厳を秘めた人物であることを知ったからである。

ニューヨーク市長ゲノール氏は、新聞に「東郷に接し第一に感じたことは、その謙虚にして諸事すこぶる簡単なことである。由来偉人なるものは決して尊大に身を持するものでなく、一見平々凡々にみえるものだ。大将の風格、この例に漏れない。わが青年たちは偉人の鑑別法をこの人によって学ぶことができる」と感想を語った。

マスコミの論調も、「彼は沈黙を守ること、わがグラント将軍に酷似している。英雄崇拝やへつらいが大嫌いで宣伝も好まない」(「ニューヨーク・プレス」紙)に代表されるように、謙虚で飾り気のない人柄に惜しみない称賛の辞を送った。

毅然と美徳語った津田女史

津田塾の創設者津田梅子女史も、確固たる信念をもって欧米人と接した一人である。

彼女は明治四十一年、ホワイトハウスに時の大統領ルーズベルト夫妻を訪問したが、そのときルーズベルト夫人が「日本の古い文化のうち永久に保存したいものはなにか」と問うと、即座に「それは犠牲の精神と君主主従の美しい関係です」と答えている。

女史は八歳のとき岩倉大使一行とともに横浜を出発、以後十年間米国で教育を受けた。人間形成の主要な時期を米国で過ごしたわけで、帰国したときは日本語がまったく理解できないほどだった。

それほど米国の影響を強く受けて人となった女史が、毅然として日本人の美徳を語ったところに、素晴らしさがある。

彼女の話を聞いたルーズベルト大統領は、同席していた娘を顧みて、「なにもかも日本人に学べというのではないが、忠実とか忠義とかいう麗しい精神は、もっと米国に欲しいもので、日本人に学ぶところはそこだ」と言ったという。

この東郷元帥や津田女史にみられるように、当時欧米人と接した日本人の多くが、礼節をわきままえ、国は貧しくとも毅然として自らの国に誇りをもっていた。それが彼らの心を動かし、感銘を与えたのである。

そして重要なのは、元帥も女史も当時の日本を代表する人物ではあったが、決して異質の人間ではなかった、ということである。二人の背後には勤勉で、伝統に誇りをもち、しかも謙虚を美徳とし、愛国心に富んだ日本の大衆社会があった。そうした土壌のなかから元帥や女史が生まれた、という事実に注目する必要がある。

日本はいま最先端のハイテクを誇る豊かな国となった。しかし、いかにカネをばらまき、格好よくパフォーマンスを展開しても、他国民の心をとらえることができず、尊敬もされていない。かつてわれわれが美徳としてきたものを忘れる一方で、謙虚さを失い、尊大に構える人間が多くなったせいである。

品格ある国家建設のために民族としての芯と心を示せ

宮沢首相は昨年、総理就任に際し「これからの日本は品格ある国家を目指さねばならない」と言った。至言というべきだが、そのためにどうすればよいか――。

ピストルで撃たれたとき「男子の本懐」の言葉を残して有名になった浜口雄幸首相は、遺稿「随感録」のなかで、〝政治と道徳を混同するな〟という論者に向かいこう述べている。

「一国の政治が公明正大である場合と陰惨暗黒である場合とに依って国民道義の上に、国民思想の上に、はたまた国民風教の上に及ぼす影響が非常に異なるものがあることを知らないか。為政者の人格、言動が天下の信望を得ている場合と国民疑惑の的となっている場合とによって世道人心の上に及ぼす影響がいかに違うかということを了解できないのか……」

ロッキード、リクルート、佐川……とスキャンダルに揺れ続ける政界の現状をみるにつけ、いま必要なのは浜口のいうごとく政治家の倫理であり、人格、信望であることを痛切に感じる。しかし、政治家のみに倫理、道義を求めるのも間違っている。

東郷元帥も、津田梅子女史も、明治大衆社会の土壌のなかから生まれた。政治を変えるには、いまの国民社会を変えねばならない。

日本は豊かになったが、なぜか国民は逆に卑しくなり、社会全体がモノ、カネを軸に動いている。そして人びとは国家、社会を忘れ、己れの利益追求に憂き身をやつす。スキャンダルが次々と生まれるのも当然だ。

また、うわべだけ一見スマートになったが、民族としての芯もなければ、心もない。これでは世界から尊敬されないし、信頼されるはずもない。品格ある国家を建設するため、政治が居ずまいを正してリーダーシップを発揮し、国民もこれにこたえて思想と社会の改革を急がねばならない。

（週刊世界と日本、平5・1・4）

大女優岡田嘉子さんと出入り自由な国日本

十五年前（一九六六年）の夏、二年余のモスクワ特派員生活を終えて、いよいよ明日帰国するという日の夕方のことだった。私はそれまで滞在していたウクライナ・ホテルのロビーで岡田嘉子さんにばったり出会った。

「しばらくでしたね、お元気ですか……」岡田さんは明るい表情でこう語りかけてきた。

「ながい間お世話になりました。明日、日本へ帰ります」

私は思わず口に出かかった言葉をのみ込んだ。

「生涯日本には帰ってこれないはずの人に向かって、これ以上残酷な言葉はない」と思ったからである。

「やあ、今日は、お元気そうですね……」私は当たりさわりのない会話をかわしながら、心の中で岡田さんに「さようなら」を言った。

帰国してからも、ときどき最後に会ったときの岡田さんの顔が脳裏に浮かんだ。

「帰ってきたいだろうに、気の毒だなあ」とそのたびに思った。

往年の映画スター、岡田嘉子さんが雪の樺太国境を越えてソ連に脱出したのは昭和十四年の一月二日、いまから四十年以上も前のことである。その後、彼女は苦労を重ねてモスクワにたどりついた。モスクワ放送の日本語アナウンサー、演劇大学の学生……そこでも彼女はいろいろな経験をしたようだ。そして、やがて映画や演劇の演出家を目指すことになる。

私がモスクワで初めて岡田さんに会ったのは、ちょうどそんなころだったらしい。たまたまソ連映画協会主催の試写会を見に行ったとき、隣の席にグレーのスーツをきた上品な婦人が座っていた。どうも写真でみたことのある岡田嘉子さんに似ているので、思い切って声をかけてみると果たしてそうだった。

日本人とあまり接触したがらなかった彼女が、そのころからモスクワの日本人社会へも次第に顔を出すようになった。日ソ両国が雪解けの時期を迎えようとしていたのと、彼女自身、異国での生活が長くなり、望郷の念やみがたいものがあったためだろう。そんなわけでモスクワ滞在中は、日本大使館のパーティーなどいろいろな会合で彼女とはよく会い話をした。そのうち昔のファンか身内の人でも送ったのだろうか、多少時代遅れの気味はあったが和服姿で現れ、びっくりさせられたこともある。そんな変化をみながら、彼女の心が時とともに日本へ傾斜してゆくのを感じたものである。

だが一方では、現地の日本人のなかに冷たく厳しい声もかなりあった。

「岡田嘉子は日本を捨てた女だ。たとえ一時帰国にせよ、彼女が日本へ行くことを許すことはできない」

ある商社員は一瞬はっとするような険しい表情で私にこう言った。彼は終戦後実に十一年間もシベリアに抑留され、その間、何度も生きるか死ぬかの経験をしたという。こうした人たちの感情や当時の国際環境を考えると、自分の意思で故国を捨てた岡田さんが日本に帰れるなどとは想像もできなかった。また、ソ連政府が長い生活体験を通じてソ連という国家と社会の内幕を知っている彼女の帰国を、そう簡単に許すとも思えなかった。

ところが、その岡田さんが日本に帰ってきた。当時を思えば夢のような話である。それは岡田さん自身が一番痛切に感じているに違いない。気がつかぬ間に時代が変わり、国際的な環境も大きく変化したということだろう。

岡田さんはその後、一度ソ連に戻ったが再び帰り、それからは何となく日本に住みついた格好になっている。晩年を迎えた彼女が日本で、日本人として過ごすことに私も異論があるわけではない。彼女の幸せのためにもそれが一番いいことに違いないと思う。

ただその一方で、私はどうしても心中に強く引っかかるものがあるのを感じている。

それは「なぜ日本に帰ってくることになったのか」ということについて、彼女の口からいまだに一言の説明もないからである。一度捨てて出て行った国に何の釈明もなく平然と帰ってくる。――そんなことがまかり通る国が世界中どこにあるだろうか。

私はモスクワで別れたきり、岡田さんとはその後一度も会っていない。したがって彼女が帰国に当たりどのようなことを考え、また現在どのような心境で日本に住んでいるのかも分からない。おそらく人に言えぬさまざまな心の苦しみや悩みがあったことだろう。

しかし、動機はともかくとして、彼女がいったんは国を捨て亡命したことは厳然たる事実である。その行為の重みは、やはり自らかみしめてもらわねばならない。

岡田嘉子はなぜ日本に帰ってきたのか、なぜ日本に住みたいのか――酷な言い方かもしれないが、彼女にはそれについて自分の気持ちをはっきり述べる道義的義務があると思う。それが日本人として再びこの国に住むためのけじめというものであろう。

岡田さんだけではない。かつて日本を脱出した共産党の伊藤律氏もスターのごとく華々しく帰国しながら、これまたなぜ帰国することになったのか、肝心のことは黙して語ろうとしない。こうした風潮に最近は、よど号ハイジャックの犯人たちまでが、あわよくば帰ってきて、しかも罪は免れたいなどと、虫のいいことを考えているようだ。

国家とはそんなものだろうか。亡命者がアパートでも変えるように簡単に出たり入ったりする、そんな状態になっていいはずはない。

私は岡田さんや伊藤氏の現在の国籍や法的立場を知りたくて当局に当たってみた。しかしすっきりした回答がなかなか返ってこない。何か不透明なものがあるのでは、と疑ってみたくもなった。国家はもっと尊厳なものであり、それを維持するために、国も国民も守らなければならないことがいろいろとあるはずである。

（諸君、昭56・4）

花嫁のチマ・チョゴリ

先ごろ来日した韓国の盧泰愚《ノ・テウ》大統領が日韓両国の過去にまつわるいくつかの懸案に一区切りをつけて離日した翌日、東京都内のホテルで、この二つの国を母国とする若者たちの結婚披露宴があった。

新郎は日本人、新婦は在日韓国人。数年前に職場で知り合った二人は、国籍の壁を乗り越えて、ついにゴールへ到達したのである。

披露宴の席上、花嫁の目に時折涙が光るのをみた。数々の障害を克服し、結婚にたどりついた彼女の胸中を去来する感動の大きさがうかがえた。

二人の前に立ちはだかる壁がどのくらい厚いものであったか。それは、今回の盧泰愚大統領の来日で、われわれが再認識することになった両国間のいくつかの問題点を思い起こしてみただけでも十分に理解することができる。

日本と韓国は地理的にもっとも近い隣国である。風俗、習慣も似通った点が多い。しかも二人は生まれてこの方、同じ日本に住み、同じ日本の教育を受けてきた。日常使っている言葉も日本語である。こうした多くの共通点からみる限り、日韓いずれの側に立っても国際結婚の相手としては、もっとも無難で抵抗も少ないはずだ。しかし現実は逆で、このくらい難しい結婚はないといってもよい。

それは両国民の間に過去の歴史に起因する複雑な感情が横たわっているからである。両国には、いまだに偏見とこだわりを捨てきれずにいる人たちがたくさんいる。

新郎、新婦は、この目に見えない感情の壁を取り除くのに筆舌につくし難い苦労をしたに違いない。それが花嫁の涙になったのだろうと筆者は思った。

花嫁の父親は在日韓国人二世、もちろん国籍は韓国にある。しかし彼は日本で生まれ、日本で育ち、今日まで一度も韓国の土を踏んだことがない。彼は日本で高等教育を受け、日本人の女性を妻としている。独力で一歩一歩築きあげた事業が成功し、いまでは日本の政財界はじめ各界に知己をたくさんもっている。当日はそうした友人たちも出席していた。

披露宴は日本風に型通り進み、花嫁が一人色直しのため中座した。そして彼女が戻ってきたとき、会場には一瞬どよめきが起こり、やがてそれが大きな拍手に変わった。

思いがけなく花嫁が韓国の民族衣裳チマ・チョゴリ姿で現れたからである。

毅然とした態度で入場する花嫁、壇上で起立して迎える花婿、二人の顔は輝いてみえた。

再度の色直し、キャンドルサービスで各テーブルをまわる二人に寄せられる称賛と励ましの言葉――花嫁の目には新たな涙があふれ、今度は滂沱《ぼうだ》として頬を伝わった。

われわれは後刻、この涙に日韓の狭間で生きようとする彼女の強い意志と複雑な思いがかくされていたことを知った。

花嫁は、いよいよ結婚の日取りが決まったある日、両親に〝友達と数日間旅行をしてきたい〟と申し出た。

両親は快くそれを許したが、独身最後の思い出に友達とどこか国内の旅行に出かけたものとばかり思っていた。

ところが、数日後に帰ってきた彼女から、韓国へ行き、父親の故郷を訪ねてきた、と打ちあけられ、びっくり仰天したという。

それから何カ月かして、結婚式の日がいよいよ二週間後に迫ったとき、両親は再び娘から思いがけないことを告げられた。

韓国へ旅行した際、チマ・チョゴリをつくってきた。それを式と披露宴で着たい、というのである。父親は、その晩眠れなかったそうだ。

披露宴が無事に終わり、ごく親しい者だけが二次会のような形で集まったとき、父親の友人の一人がこの話を紹介した。

花嫁の涙に、父とその故国に対するひたむきな彼女の思いがこめられていたことを知り、筆者は改めて胸の内に熱いものがこみあげてくるのを感じた。

父親の世代が、とかく躊躇しがちだったことをはっきり行動によって示した花嫁の強い意志、それをしっかりと受けとめた花婿の勇気——こうした素晴らしい若者たちによって日韓両国は新しい時代を迎え、新しい関係に入っていくに違いないと思った。

（文藝春秋、平2・8）

勝鬨橋とゴールデンゲートブリッジ

歴然たる国力の差

初めて渡米し、サンフランシスコでゴールデンゲートブリッジを見たとき、その偉観に圧倒されながら、ふと築地と東京湾の月島を結ぶ勝鬨橋を思い浮かべた。

そして、もし日米開戦のときの総理大臣だった東条英機大将がこの橋を見ていたら、戦争を起こそうなどとは絶対に考えなかっただろうと思った。

勝鬨橋が完成したのは日本が太平洋戦争に突入する前年の昭和十五年である。橋は中央部分が開閉でき、そこを船舶が通れる超近代的大橋として絵葉書にまでなった。しかし、長さはわずか二百四十六メートルである。

全長二千七百八十メートル、海面からの高さ六十六メートル、その下を大型船舶が悠々と通過できるゴールデンゲートブリッジとは比較にならない。しかもゴールデンゲートブリッジができたのは昭和十二年で、勝鬨橋が竣工する三年も前のことである。

海上にこれだけ巨大な橋を架ける技術と、使用した膨大な鉄鋼の量を比較しただけで、当時の日米両国の国力の差は歴然としている。普通なら、こんな国を相手に戦争をしようなどとは思わないはずだ。

生かされなかった情報

しかし、残念なことに東条大将はゴールデンゲートを見ていない。彼は若いころ陸軍から欧州に派遣されてスイス、ドイツの大使館付武官を務め、そのあとアメリカを経由して帰国している。ただし、これは大正年代（八年～十年）だったから、まだゴールデンゲートブリッジも勝鬨橋もできていなかった。二つの橋を見比べて、国力を比較判定するチャンスはなかったわけだ。

ただ、彼は実際にアメリカを旅行している。

戦争になったときの相手国としての米国の社会や経済の実情をつぶさに見、日米両国をいろいろな角度から比較検討してみることはできたはずだ。それは軍人としての当然の義務であろう。

東条大将は、果たしてそういう目で欧米をみてきたのであろうか。

開戦決定に至る経過と、その間における大将の言動を振り返ってみると、答えは否ということになる。

彼は真面目な能吏だった。しかし、せっかく欧米の地を踏みながら、訪問した国々の産業と、その背後にひそむ国家の総合力を正確に把握する能力、あるいは各種の資料から戦力を冷静かつ客観的に分析し、状況を判断する能力に欠けていた。そのため海外勤務で得た貴重な経験を、後刻、国運を左右する大事な場面で生かすことができなかった。

もっとも東条大将に限らず、当時の指導層は軍部も官僚も、言論界も、おしなべて野郎自大、いたずらに強がりを言うだけで国際的視野が狭く、世界の大勢と日本の立場をきちんととらえることのできる人材に乏しかった。

冒頭述べたゴールデンゲートブリッジと勝鬨橋の例は、当時の日米の国力の差を示す象徴的事例の一つにすぎない。開戦前夜のあのころ、米国を実地に見る機会を得た者ならだれでも、これに類した事例に遭遇したと思う。だが、指導層の目がそうした方向を向いておらず、〝撃ちてしやまん〟の精神論一本槍だったために、貴重な情報やデータがほとんど生かされることなく、結局戦争に突入してしまった。

一例を挙げよう。

ボツになったチャーチル演説

日米関係が風雲急を告げる昭和十六年十一月上旬、イギリスのチャーチル首相はロンドンのマンションハウスで注目すべき演説をした。

「もし鉄鋼が近代戦における国力の基礎だというのであれば、鉄鋼生産七百万トンそこそこの日本のような国が、鉄鋼生産いまや九千万トンに達したアメリカ合衆国に何の必要もないのに闘争を挑むのというのは、むしろ危険だということになりはしないか」

近代戦に資源力、生産力、科学技術……といったものの総合した力が必要なことはいうまでもない。チャーチル首相は、その基本資材の一つともいうべき鉄鋼で生産量が十分の一にも満たぬ日本がアメリカに戦いを挑もうとする無謀さを警告したのである。当時、同盟通信のロンドン支局長をしていた故長谷川才次氏（内外ニュース初代社長）は日本の針路にかかわる重要な指摘と判断し、直ちにこれを東京へ打電した。だが、この電報は日本の新聞には一行も掲載されなかった。なぜそうなったのか。

同盟本社がボツにしたのか、配信された新聞社が掲載しなかったのか、あるいは検閲でカットされたのか。その間の事情は判然としない。いずれにしても、そのころすでに新聞の紙面は「米英撃つべし」といった強硬論一色にぬりつぶされており、こうした冷静な判断材料を提供する状態と、程遠いものになっていたことだけは確かである。

チャーチル首相が指摘したように鉄鋼の日米生産比率は一対一二だった。他の戦略物資も昭和十五年の企画院調べで、石油一対五一三、銅一対九、アルミニウム一対七、その他石炭、亜鉛、水銀、燐鉱石、鉛なども一対七四・二となっている。

国防の第一歩

しかし、東条首相は昭和十六年十一月二十九日に開かれた重臣会議で、「戦争半ば石油が不足するようなことがあったらどうして戦争を遂行することができるか」との若槻礼次郎元首相の質問に、「石油は決して不足していない。心配することはない」と答え、さらに同日午後の御前会議でも戦争資材の不足を憂慮する若槻氏に「陸軍は十分調査し、戦争資材に不足ないという公算を得ている」と強弁している。

結果は周知の通りで、日本は各種資材の不足から戦争遂行の能力を失い、ついに敗戦を迎えるのだが、東条首相のこうした判断と答弁の基礎資料を提供したのは、当時の企画院総裁鈴木貞一氏である。

鈴木氏は前述のごとく、戦略物資に関して企画院が作った詳細な日米の比較データを知っていた。そして近衛内閣（東条内閣の直前内閣）の企画院総裁時代には「日本の国力は戦争能力なし」と言っていながら、東条内閣になると一八〇度転換して「戦争能力あり」と言い出した。東条内閣の海相だった島田繁太郎大将は、鈴木氏を評して「（彼は）どんな数字でも出してくる」と述懐している。鈴木氏はトップの意向に合わせて、都合のいい数字を出したのである。

こうして東条内閣は戦争を開始してしまった。

「敵を知り己れを知れば百戦危うからず」というが、さきの太平洋戦争で日本は結局、敵を知らず、己れを知らずに無謀な戦いへ突入していったことになる。

国防の第一歩は、国際環境の中で自国の立場を正確に把握するところからはじまる――といってよいだろう。

（じゅん刊世界と日本、平元・10・25）

若い力——あじあ号成功の裏で

満州（当時）の大平原を驀進《ばくしん》する特別列車「あじあ」号——いまでも私は少年雑誌の写真や挿絵でみたこの列車の雄姿を時折思い出す。

素晴らしい人間の知恵、先端をいく科学技術、そして新しい時代……少年だった私の目には、「あじあ」が、そういったものを凝縮させているように映った。

事実、「あじあ」は当時としては超一流の列車だった。最高時速百三十キロ、平均時速八十キロ以上、そのころ世界に、これだけスピードの出る列車はほとんどなかった。狭軌（日本）と標準軌（あじあ）の違いはあるにせよ、日本で一番速かった特急「つばめ」の平均時速も「あじあ」よりは十四キロ遅く、戦後の昭和三十三年、東海道線で「こだま」（新幹線ではない）が、この記録に追いつくまで実に四分の一世紀を要している。

速さだけではない。豪華な内装と調度品、抜群の乗り心地、そして何よりも画期的だったのは、全車両が完全冷房だったことである。当時はアメリカでさえ、一部の優等車両にしか冷房装置はとりつけられていなかった。しかも、これだけの列車を満鉄は、社議で製作を決めた一年後の昭和九年十一月には早くも走らせていたのである。

物事が大きく前進し飛躍するとき、そこには必ず若い力が介在している。「あじあ」の場合もそうだった。あのダイナミックで、しかも美しい流線型の列車を作りあげたのは、若い技術者たちだった。

なかでも、世界で最初の全車両冷房の空調装置を担当したのは、大学を卒業して入社二年目という二十四歳の青年だった。彼は「お前、責任をもってやれ」と言われ、同僚たちと大張り切りで残業、徹夜を繰り返したという。若者たちは、こうして満鉄首脳の期待と信頼に見事にこたえた。

近年でもホンダのシビックやアサヒビールのスーパードライは若手社員の発想と熱意によって開発され、首脳陣の予測をはるかに上回る成果をあげている。

ただ、若さは時として一人よがりの暴走につながることがある。日米開戦の際、真珠湾の奇襲攻撃に参加した五隻の特殊潜航艇は、実際には欠陥の多い未完成品だった。このため連合艦隊司令部も最初は投入をためらったが、若い乗務員の熱意に負け結局出撃を許可してしまう。そして、あたら貴重な人材を戦果もないまま失うことになるのである。

いつの時代にも若者の発想と熱意と行動力は貴重だ。しかし、それを生かすか殺すかは、背後で見守る冷静で老練な先輩たちの判断力に負う場合が多い。古くて、しかも新しい教訓がそこにある。

（フェイズ、平3・4）

名演説を生んだ古封筒

一枚の紙が人の運命を大きく変えることが、しばしばある。

かつての軍による召集令状など、その典型的一例であろう。〝赤紙〟と呼ばれた紙切れ一つが、どれだけ多くの人たちの人生を狂わし、悲喜劇を生んだことだろう。

人生だけでない。一片の紙が、いろいろな形で後世の歴史や人物の評価に大きなつながりをもつ場合もある。

アメリカの生んだ偉大な大統領の一人、リンカーンがペンシルベニア州ゲティスバーグで行った歴史的演説——彼の名声は、これによって後世一段と光彩を放つことになるのだが——この演説にも紙にまつわる興味深い逸話がある。

一八六三年七月、ゲティスバーグでは南北両軍が大激戦を展開、両軍兵士の約四分の一が斃《たお》れた。そして同年十一月十九日、戦死した将兵を葬る国有墓地が戦場跡につくられ、その献納式典にリンカーンも大統領として参列した。

しかし、この日の主役はリンカーンではなく、当時アメリカ議会きっての雄弁家といわれたエドワード・エベレットだった。彼は約二時間にわたって得意の弁舌を振るい、参列者を魅了した。リンカーンは、そのあとごく短い挨拶をしたにすぎない。

彼は、この式典での自分の役まわりをよく承知していたから挨拶のための原稿も特別に用意しなかった。ただ、ワシントンからの列車でゲティスバーグに着く直前、たまたま手近にあった封筒の裏にあわただしく若干のメモをしたため、これを手にしてあいさつに立ったのである。

リンカーンは演説の中で、そのときの気持ちを率直に「われわれがここで述べることは世界はさして注意を払わないだろうし、記憶することもないだろう。しかし、彼ら（兵士）がここでなしたことは決して忘れられることはない」と述べた。おそらく参列者も同じ気持ちだったに違いない。そしてリンカーンは演説の最後を「人民の、人民による、人民のための政治を地上から絶滅させないために……」という言葉で結んだ。この最後の言葉によってリンカーンのゲティスバーグ演説は、アメリカン・デモクラシーの歴史に不朽の名をとどめることになるのである。

ありふれた封筒の裏に、ごく軽い気持ちで書いたメモが、傑出した政治家の生涯に思いがけない花を添えたわけだ。一種運命的なものを感じさせる逸話である。

（フェイズ）

日本人以上の日本人——東関親方

何年か前に、講演にいった先の控室で、大相撲の東関親方（元高見山）と二人きりになったことがある。

雑談をしているところに女性がお茶と汁粉をもって入ってきた。親方は一瞬にこやかに笑って、「ありがとうございます」と丁寧に礼をいった。ところが、その女性が部屋を出ていくと、さも情けなさそうな顔になって「悲しいよ。一生懸命体重を減らそうとしているのに、これを食べるとまた太ってしまうからね」とつぶやいた。だが、彼はそのあと「せっかく出してくれたんだから食べないと悪いからね」と言いながら、汁粉を全部たいらげた。

最近の日本人は、こういうとき、「減量しているから」と言い訳しながら堂々と残すのが普通だ。ところが彼にはそれができないようだった。相手の立場と好意を思いやる意外な優しい心にびっくりして、この人は日本人以上に日本人的なんだなと、大男の彼を改めて見直しながら感心したのを覚えている。

東関親方（左）と

やがてハワイから曙が弟子入りしてやってきた。親方は常々「相撲は心だ。日本人の心を理解するには、まず言葉が分かるようにならねば……」と言っていた。その言葉通り、曙に対して熱心に日本語を教え、礼儀を仕込んでいた。日本人以上に日本人らしい横綱「曙」は、こうして誕生した。

（週刊世界と日本、平5・2・15）

浜口ライオン宰相といじめ

昼食の時間となり、A少年は皆と同じように弁当箱をとり出してフタをあけた。ところが、少年の目に飛び込んで来たのは、ご飯とオカズではなく、黒い砂のかたまりだった。その瞬間を級友たちがカタズをのんで見守っていた。少年は黙って弁当箱のフタをすると、そのまま立ち上がって、ゆっくりと教室から出て行った……。

A少年は黙々と勉強するタイプで成績のよい生徒だった。だが、あまりにも無口で仲間から超然としていたため、クラスの中では人気がなかった。そのため意地悪い級友たちがある日、少年をいじめてやろうと、こっそり弁当の中身を捨てて、代わりに砂を詰めておいたのである。だが、少年の物に動じぬ振る舞いを見て級友たちは、以後二度とこのようないたずらはしなかった……。

読者はこの話を、いま大きな社会問題となりマスコミが連日のように取り上げている〝いじめ〟の一例と考えるであろう。だが、これは現代の話ではない。A少年は、昭和の初めライオン宰相といわれた浜口雄幸首相、したがって明治時代の話である。

つまり、〝いじめ〟はいつの時代にもあった。子供たちはいかにしてそれに耐え、対抗するか、それなりに知恵を絞った。そして陰湿ないじめや暴力に打ち勝つ方法を考えながら成長してきたのである。この世の中はユートピアでも理想郷でもない。己れの身にふりかかる災難に敢然と立ち向かう強い意志と力を培うのも重要な教育の一つだと思うのである。

（週刊世界と日本、昭61・3・3）

沖縄戦と高級参謀

五十年前の六月二十三日、太平洋戦争最後の地上戦だった沖縄での組織的戦闘は終わった。三月二十六日、米軍が慶良間諸島に上陸してから約三カ月の戦いであった。この間、軍は繰り返し〝大戦果〟を公表し、新聞も朝日社説が象徴するように、「いまこそ決戦中の決戦。勇躍奮戦激闘、驕敵破砕の絶好の神機に際会す。いまにして起たずんば機を失するの危惧なしとしない。天の時、人の和、地の利とも我にある」（五月十五日付）など、最大級の言葉を並べて世論をあおった。

しかし、いま思えば空しい戦闘であった。沖縄戦の前年八月に牛島満軍司令官、長勇参謀長が着任した。ノモンハン事件で勇名を馳せたとのふれこみで乗り込んできた長参謀長は、以後、連日のように昼間から那覇の料亭で大勢の芸者を侍らしながら大酒を飲み、「俺が来たからには安心しろ」と大言壮語していた。

だが、いざ米軍が上陸すると軍は後退につぐ後退。しかも参謀長は那覇の遊郭の女性たちを連れたまま移動を続け、最後の拠点となる島の最南端摩文仁の洞窟でも、自決直前までこうした女性を侍らして酒を飲んでいたという。一方、追いつめられた住民は身をひそめる壕もなく、多くの人たちが悲惨な死を遂げた。軍の中枢参謀の中には長参謀のような権力におごった人物が意外に多かった。

（週刊世界と日本、平7・7・10）

飯場になった象牙の塔

強まる大学の俗化と荒廃

かつて大学や学者を論ずるとき、「象牙の塔」という言葉がよく使われた。それがいつのころからか、われわれの周辺から消えようとしている。

「象牙の塔」の語意は、いうまでもなく「学者などが現実社会と没交渉でいとなむ研究生活」あるいは「芸術至上主義の人たちが俗世間を逃れて、専ら静寂な芸術を楽しむ環境」ということである。

もっとも、その裏に、高踏的な芸術家や世間を知らぬ学者の態度を揶揄する響きがあることも事実だ。しかし、いずれにせよ、この言葉には趣味もなく遊びも知らず、甚だしきは家庭さえもかえりみずに、ただただ研究に没頭する学徒の真摯な態度、ひたむきな姿勢に対するある種の畏敬の念がこめられていた。

俗に学者馬鹿というが、この学者馬鹿に世間は一目も二目も置き、尊敬もしていたのである。

ところが、その象牙の塔という言葉を昨今はさっぱり見受けなくなった。

なぜだろうか。

言葉にも流行がある。新聞、雑誌、テレビで盛んに使われていた言葉が、ある時期を境にぱったり姿を消す。あるいは、いつの間にか使われなくなる……といった例はたくさんある。

しかし「象牙の塔」の場合は、ただ単に言葉のはやりすたりの問題ではなさそうだ。

大学、学者に対する世間の評価が大きく変わり、以前のように畏敬の念をこめて見なくなったこと、また、そうしたものの権威を一般の人たちがあまり認めなくなったこと——にその原因がありそうだ。

人々は昭和三十年代後半から四十年代にかけて頻発した一連の学園紛争をみて、大学の内部が想像していたものとかなり違うことを覚った。学園紛争は大学当局の自治能力のなさをあからさまに示し、大学あるいは学者の権威を著しく失墜させた。

たしかに大学は、その前後からかなり変質しはじめていたのである。

そして、そこはもはや人々が頭の中で描いていたような、優れた指導者と教育環境の中で、学究の徒が静かに研究に没頭する場とは違ったものになりつつあった。それと表裏をなすように、いわゆる学者馬鹿も減った。同時に研究者たちの自信と忍耐が織りなす独特の雰囲気、静寂な環境も急速に失われていった。

「象牙の塔」という言葉が、いまや死語に近づきつつあるのは、こうした学園の現実と無関係ではないようだ。大学はますます俗化し、荒廃の色あいを強めているらしい。

団交顔負けのせりふ

ここに、その実情を端的に示す一つの記憶がある。

――あんたはよお、一体何の権限があってそんなことを言うんだ。……お前いいかげんにしろよ。ふざけんじゃないよ。

なんと幼稚で品位に欠けるセリフだろう。

おそらく、ほとんどの人はこのセリフから、労使が真っ向から対立した団交か何かの席上で、若い組合員が使用者側の代表に食ってかかっている場面を思い浮かべることだろう。

だが、そうではない。驚くなかれ、これは東大教養学部における、ある日の教授会でのやりとりの一部なのである。

昨年東大を辞めた西部邁教授が「学者、この喜劇的なるもの」という著書の中で〝一九八八年三月十七日午後四時三十分から〟と日時まで明示し、当日の模様を披露している。それによると、このとき入試制度をめぐる議論の中で数学科の若手教師が学部長に向かって吐いたのがこのセリフで、西部氏は〝全共闘運動の経験でも生かしているのか、まるでつるし上げ集会の闘士めいた表情で……〃と状況を描写したのち、このセリフを紹介し、さらに〃威勢がいいというか、礼儀知らずというか、場内の物情は騒然というのは大仰としても雑然としたことは確か……〃と書いている。

「そしてとうとう数学科の連中の穢い執拗な物言いにたまりかねたのだろう、仏文のある年配教授（大音声で）

うるさい！　馬鹿もん」（以上原文のまま）

これでは飯場の喧嘩と何ら変わるところはない。「象牙の塔」が消滅しようとしているのも当然であろう。

学界の地盤沈下明らか

ところで、六年前の参議院選挙で初めて比例代表制が導入された際、各党はこぞって学者を目玉に据えた。これも今回のマドンナ同様、一種の大衆受けを狙った奇手にすぎなかったのだが、自民党は元東大教授の林健太郎氏を二位にランクし、社会党は政治学者で法大総長だった中村哲氏、民社党は東京都立大名誉教授の関嘉彦氏、公明党は元日本学術会議議長の伏見康治氏を一位に指名した。だが、これらの学者たちは今回の改選期に、いずれも弊履のごとく捨てられた、またこの六年間、どの政党も学者議員に目立った政治的活動の場を与えようとしなかった。

あとがき

時事通信社の政治部記者にはじまって、政治・国際問題評論家（昭和四十九年から現在まで）、七人の首相を出した政財界人の政策研究会「自由社会研究会」の事務局長（昭和五十二年から現在まで）、内外ニュース社長（昭和六十年から現在まで）——と立場は変わっても、この間一貫して政治ジャーナリズムの世界を歩いてきた。

長年親交を結んでもらっている善本社の山本三四男社長が、そんな私に「そろそろ政治関係の本をまとめてみたら」と勧めて下さったが、内外ニュースの経営などに追われ、あっという間に二十年近い歳月が流れてしまった。しかし昨年、同社長に再び声をかけていただき、有り難くお受けしてまとめたのがこの本である。

中身は、私がジャーナリストとして実際に会った政治はじめ各界指導者の素顔、政治と政界への評論家としての批判や意見、この間に出会って感銘を受けた方々や思い出等々で、内外ニュース「世界と日本」や「文藝春秋」「中央公論」、その他の出版物に書いたものの中から一部を選ん